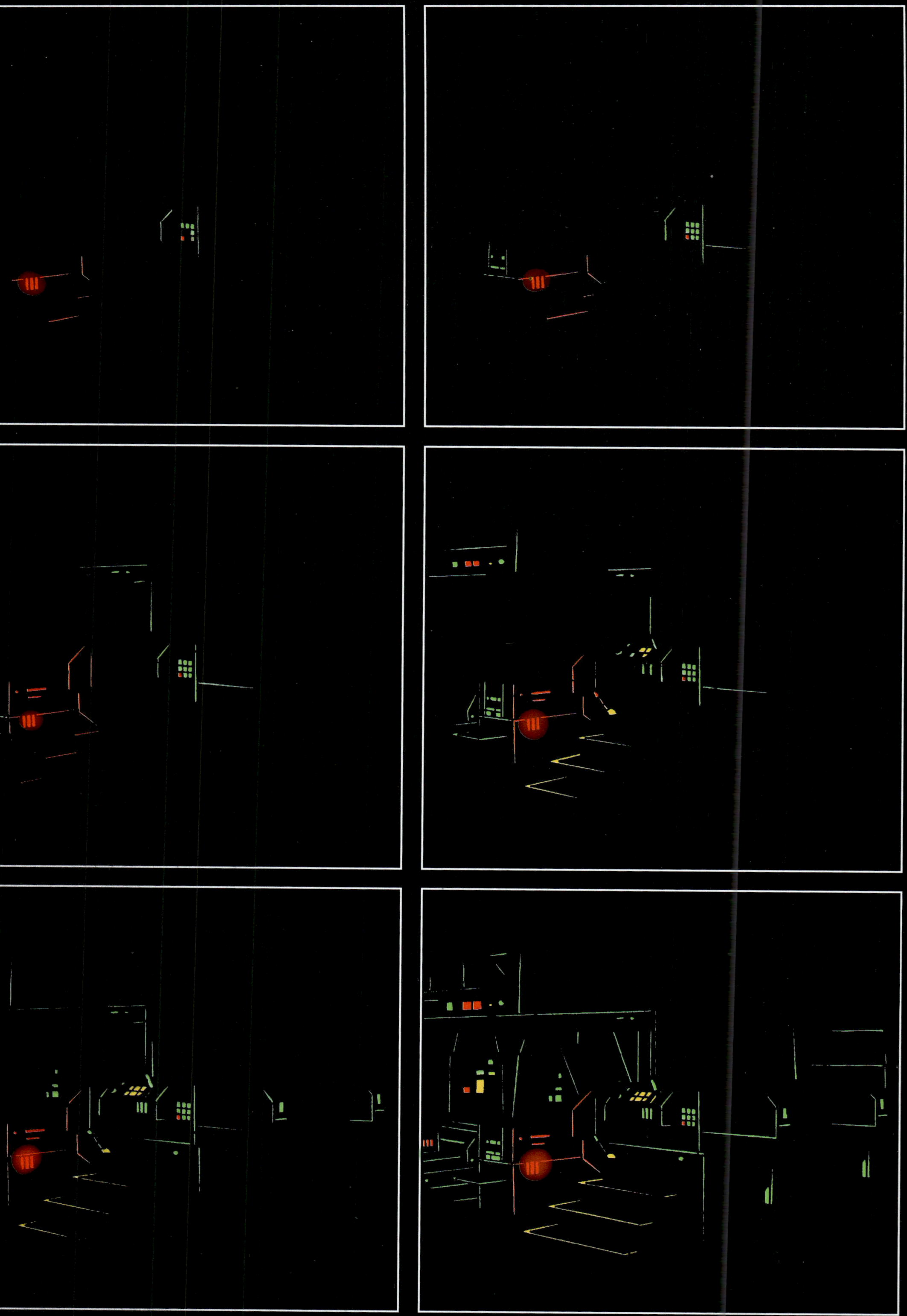

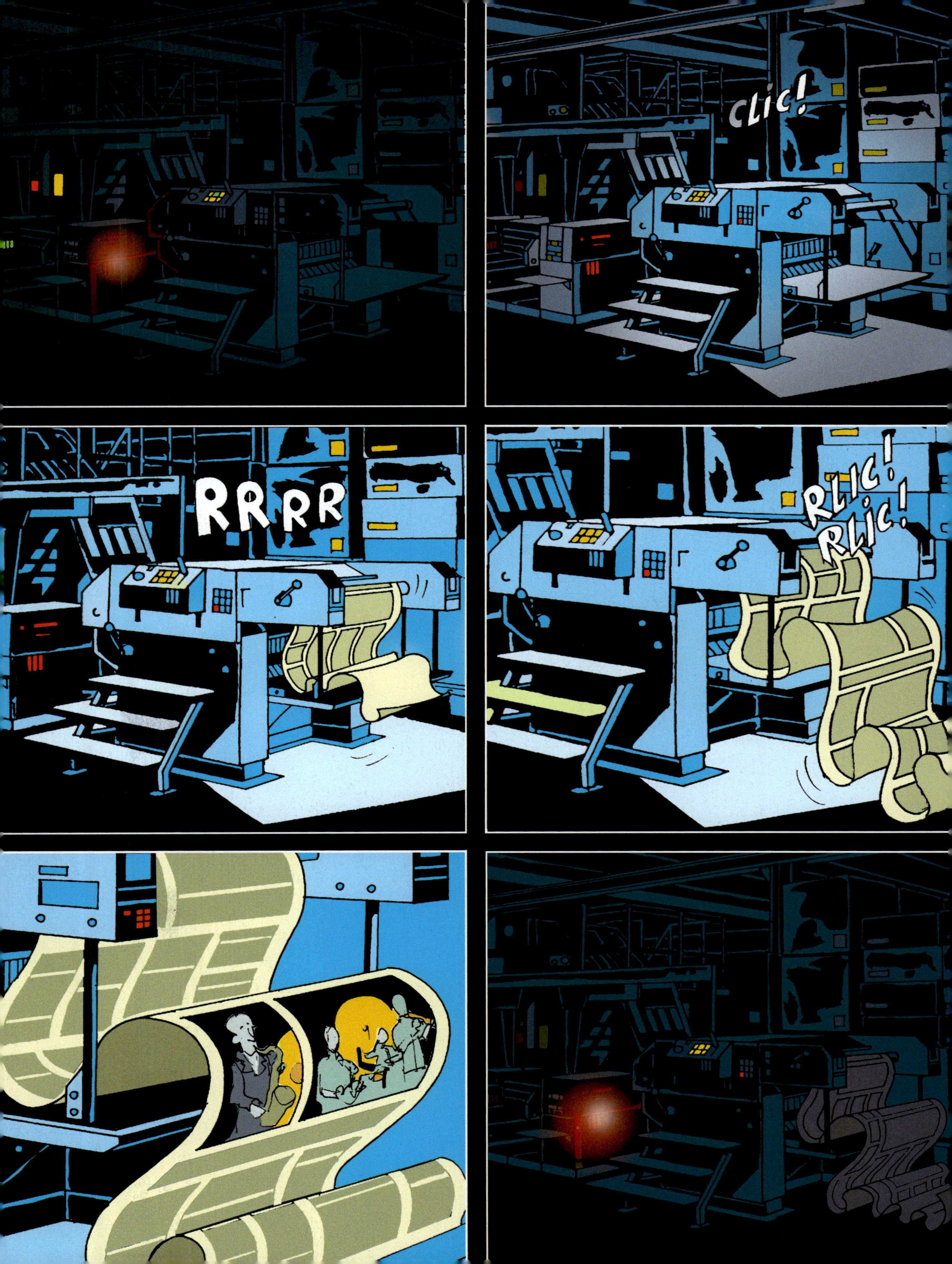
CLIC!
RRRR
RLIC!
RLIC!

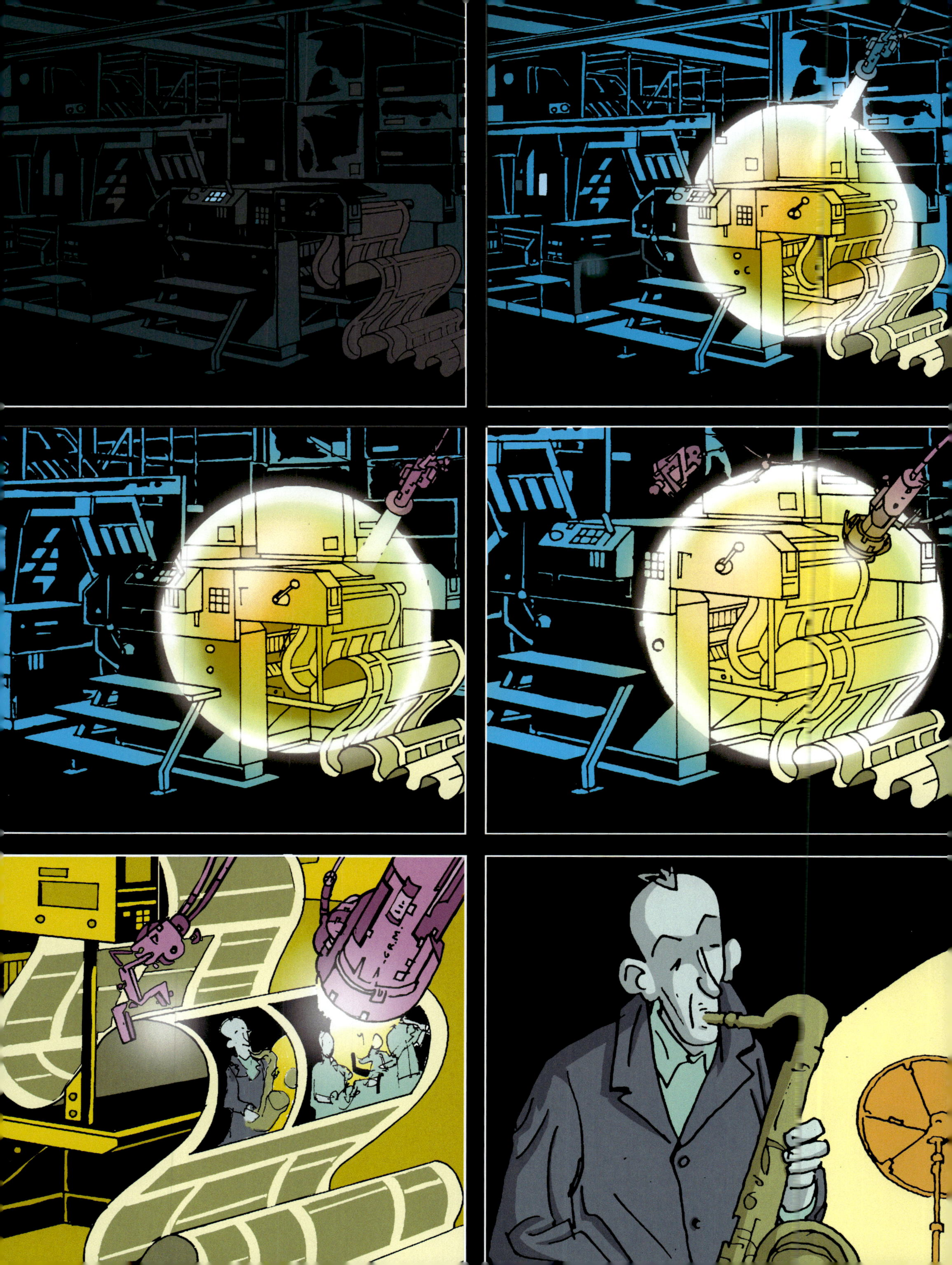

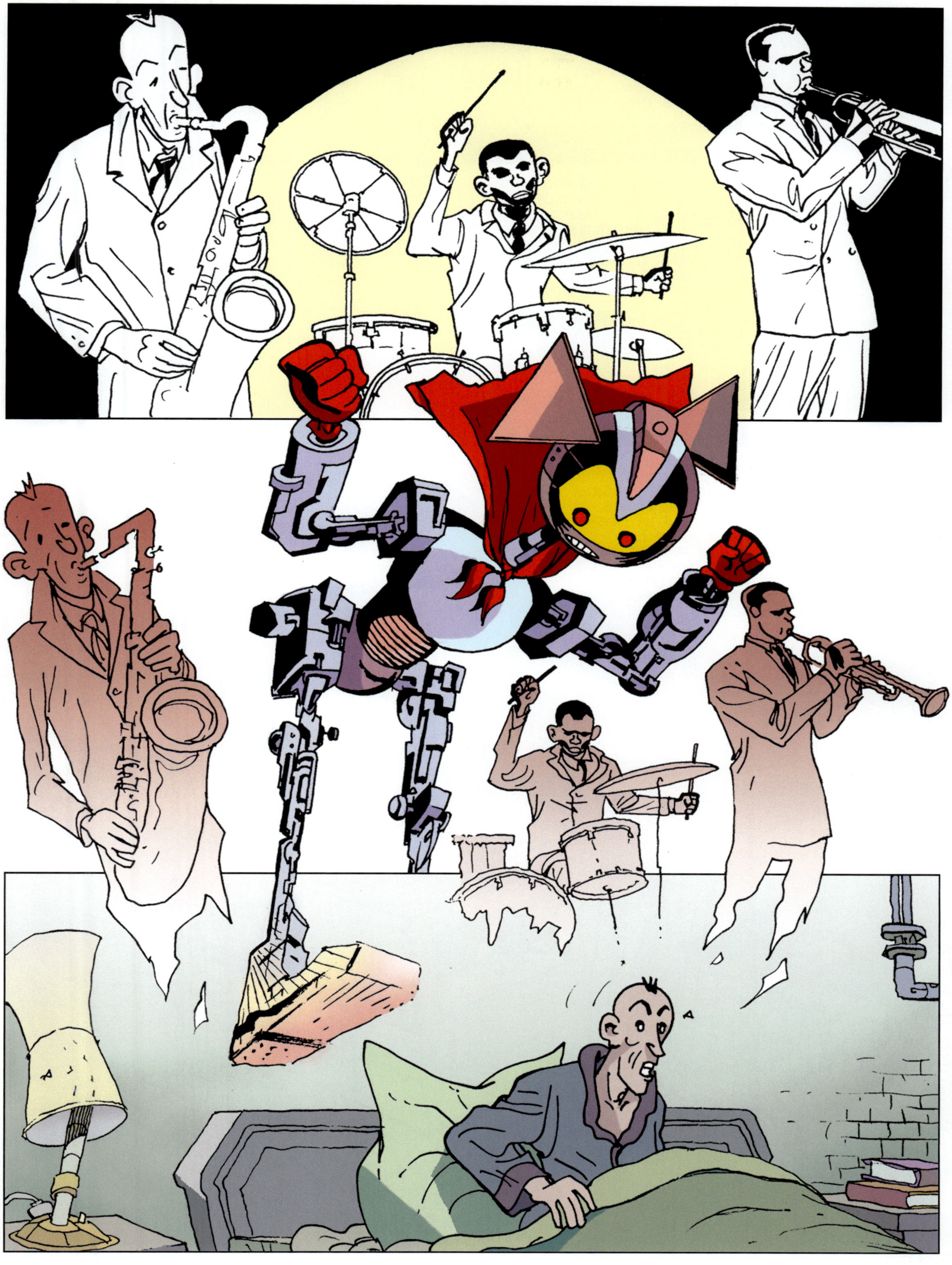

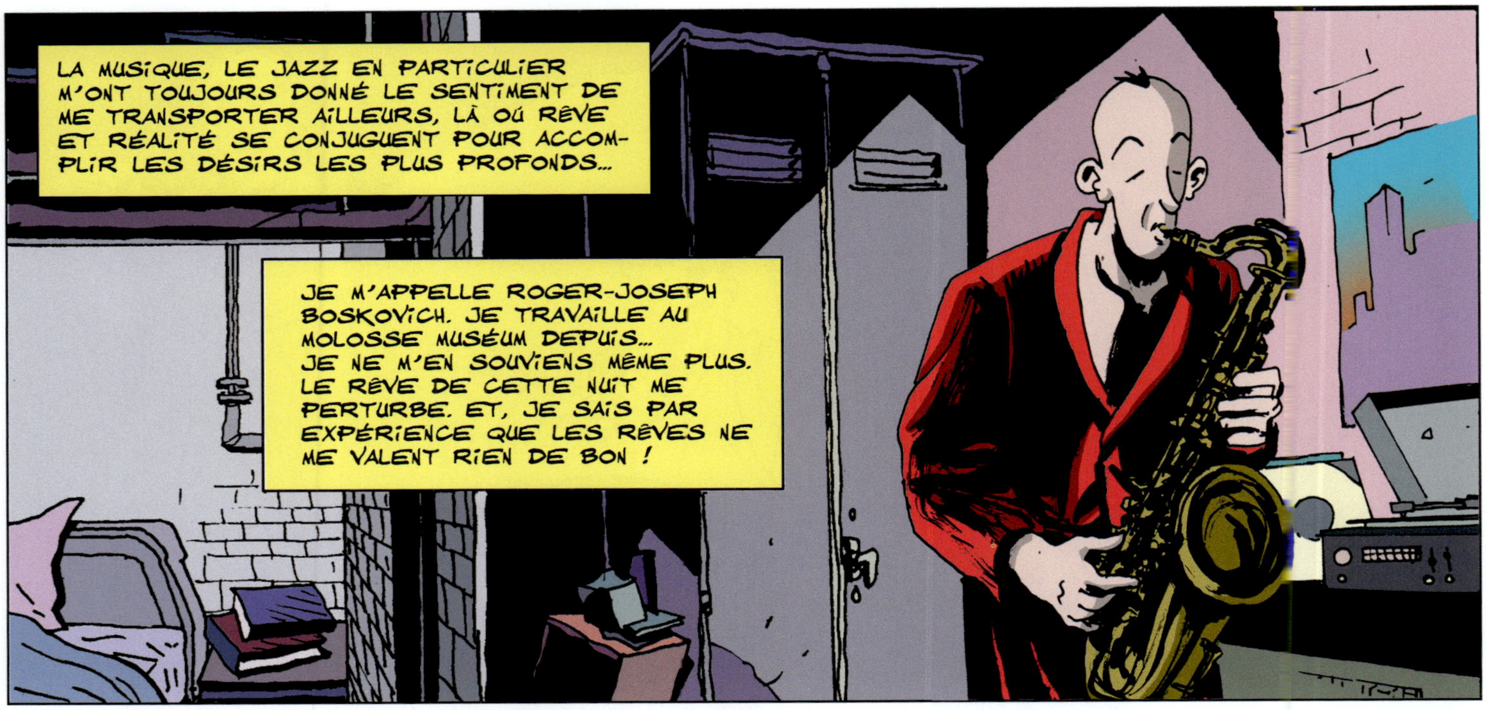
LA MUSIQUE, LE JAZZ EN PARTICULIER M'ONT TOUJOURS DONNÉ LE SENTIMENT DE ME TRANSPORTER AILLEURS, LÀ OÙ RÊVE ET RÉALITÉ SE CONJUGUENT POUR ACCOMPLIR LES DÉSIRS LES PLUS PROFONDS...
JE M'APPELLE ROGER-JOSEPH BOSKOVICH. JE TRAVAILLE AU MOLOSSE MUSÉUM DEPUIS... JE NE M'EN SOUVIENS MÊME PLUS. LE RÊVE DE CETTE NUIT ME PERTURBE. ET, JE SAIS PAR EXPÉRIENCE QUE LES RÊVES NE ME VALENT RIEN DE BON !

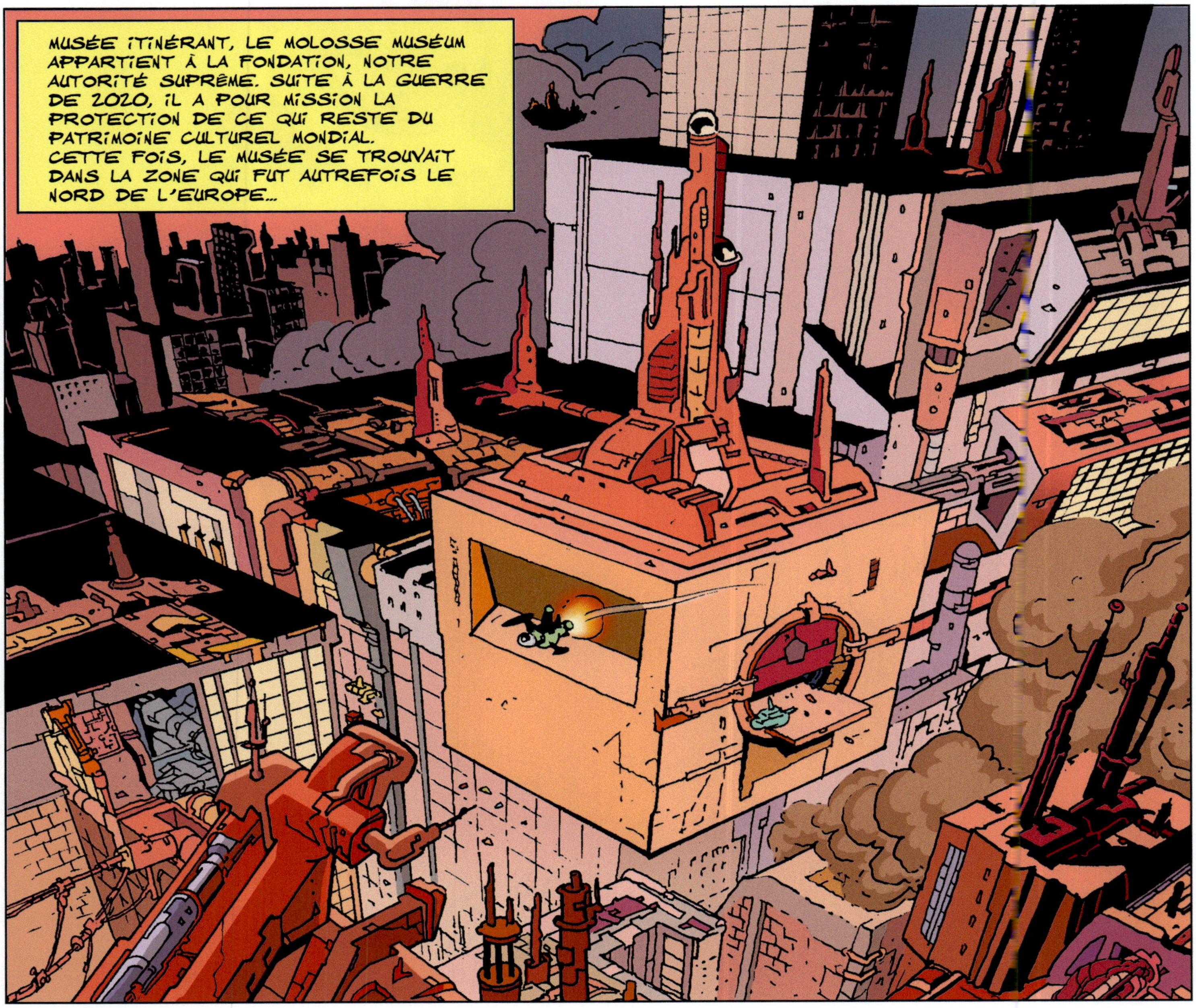
MUSÉE ITINÉRANT, LE MOLOSSE MUSÉUM APPARTIENT À LA FONDATION, NOTRE AUTORITÉ SUPRÊME. SUITE À LA GUERRE DE 2020, IL A POUR MISSION LA PROTECTION DE CE QUI RESTE DU PATRIMOINE CULTUREL MONDIAL. CETTE FOIS, LE MUSÉE SE TROUVAIT DANS LA ZONE QUI FUT AUTREFOIS LE NORD DE L'EUROPE...

BOSKOVICH DANS MON BUREAU !!
?!
LE PATRON M'APPELLE !? JE SUIS SÛR QUE C'EST LIÉ À MON RÊVE DE CETTE NUIT !
VOUS VOILÀ ENFIN... APPROCHEZ BOSKOVICH !
POUVEZ-VOUS M'EXPLIQUER CECI ?
JAZZ AU SOHO
COMME DANS MON RÊVE ?!
Soirée jazz exceptionnelle au Soho, 44 rue Jean Moulin. Encore une fois, Djamel, le patron des lieux, nous a étonnés en invitant R.J. Boskovich, saxophoniste talentueux...
¡IL NE MANQUE QUE LE ROBOT !

JE NE COMPRENDS PAS MONSIEUR LE DIRECTEUR !...
VOUS M'ÉTONNEZ BOSKOVICH ! QUEL JOUR SOMMES-NOUS ?
LE 28 AOÛT 2085...
ET QUELLE EST LA DATE INSCRITE SUR CE FAC-SIMILÉ ?
LE 28 AOÛT 2005 !?
EXACT!... CE DOCUMENT PROVIENT D'UN SITE ARCHÉOLOGIQUE RÉCEMMENT DÉCOUVERT. UN "ENVOYÉ" DE CE SITE TRAVAILLE AVEC LE SERVICE DES IMAGES VIRTUELLES. CE DOCUMENT LUI ÉTAIT DESTINÉ...
VOYEZ AVEC LUI CE QU'IL Y A LIEU DE FAIRE. MAIS MOI, JE VEUX AU PLUS VITE DES EXPLICATIONS CONCERNANT CE PARADOXE TEMPOREL. AU PLUS VITE BOSKOVICH !
... AU PLUS VITE, ÇA VEUT DIRE 24 HEURES ! COMPRIS BOSKOVICH ?...
"LES IMAGES VIRTUELLES"... C'EST LE SERVICE DONT S'OCCUPE MARIE-MARTINE...
... AVEC TALENT ! SES HOLO-EXPOSITIONS SONT LES PLUS PRISÉES DU PUBLIC !
BODOI rétrosp
Vérification identité...
Entrée autorisée!
IL Y A DES MOIS QU'ON NE S'EST VU !
... PAR ICI BOSKOVICH ! VOUS TOMBEZ BIEN!
QUE SE PASSE-T-IL ICI ?
VOUS ASSISTEZ À LA RENAISSANCE D'UNE VILLE DU SIÈCLE DERNIER !

IMPRESSIONNANT, COMME SI ON Y ÉTAIT !
MA TECHNIQUE DE REPRODUCTION 3D ATTEINT SON RENDEMENT MAXIMUM GRÂCE À LAM !...
Arret de programmation ...
Que se passe-t-il?
NOUS AVONS UN VISITEUR!
BOSKOVICH, JE VOUS PRÉSENTE LAM... LAM, JE VOUS PRÉSENTE BOSK...
...kovich...Roger-Joseph Boskovich magasinier gestionnaire responsable du département des sous-oeuvres... enchanté !...
IL ME FAIT PENSER AU ROBOT DE CETTE NUIT.
Pour ma part, je suis un bio-robot. Un génome artificiel compose le coeur de ma matrice. Je suis doté d'autonomie et de libre arbitre...
...Presque comme les humains !
...mes neuro-processeurs à poly-alliages mémotechniques induisent une plasticité à variables infinies...
BOSKOVICH EST UN POÈTE... FAITES LUI UNE DÉMONSTRATION DE VOS CAPACITÉS!
Volontiers! Je change de taille et de forme ...
...à souhait. Je peux adopter n'importe quelle apparence utile à ma mission !

... ET VOILÀ ! DEUX BOSKOVICH POUR LE PRIX D'UN ! VOUS COMPRENEZ SON IMPORTANCE POUR LA RECONSTITUTION DU SITE DE RORBACH ?! RORBACH EST L'ANCIEN NOM D'UNE VILLE DÉTRUITE PAR LA GUERRE DE 2020... GRÂCE À LAM, NOUS ALLONS MIEUX CONNAÎTRE LA VIE AU 20ÈME SIÈCLE. UN RÉGAL POUR NOS VISITEURS !
STUPÉFIANT !
En réalité, cette opération se fait en moins d'une nanoseconde...
... De même pour revenir à mon enveloppe originelle ...
HUM ! SI J'AI BIEN COMPRIS, ROUBAIX EST LE NOM RÉCENT DE RORBACH. CE FAC-SIMILÉ AU CONTENU ÉTRANGE PROVIENT DU SITE QUE VOUS EXPLOITEZ ! POUVEZ-VOUS M'EXPLIQUER POURQUOI J'APPARAIS SUR CE DOCUMENT ?
Voyons voir...
Scan...analyse document...
Provenance site de Rorbach. Prélevé le 27 août 2085 à 18h30'15''.
Document envoyé le 28 août à 08h31'15'' après décontamination...document intercepté...document piégé!... Contient virus!!!
LES JAZZMEN !? LE CAUCHEMAR CONTINUE !
Virus non-répertorié...danger...dan...
VIRUS
MOLOSSE MUSEUM
FAC-SIMILE
VIRUS
VIRUS
VIRUS
VIRUS
BOSKOVICH ! TIRONS-NOUS, LAM VA EXPLOSER !

COLLEGE ALBERT SAMAIN
GRETA Formation
ROUBAIX, ANNÉE 2005...

COLLEGE ALBERT SAMAIN
GRETA Formation
ATTENTION, LE VOILÀ !
... MERCI MONSIEUR PIGACHOU, VOTRE INTERVENTION D'AUJOURD'HUI A ÉTÉ FORT APPRÉCIÉE PAR LES ÉLÈVES DE 6ÈME ...

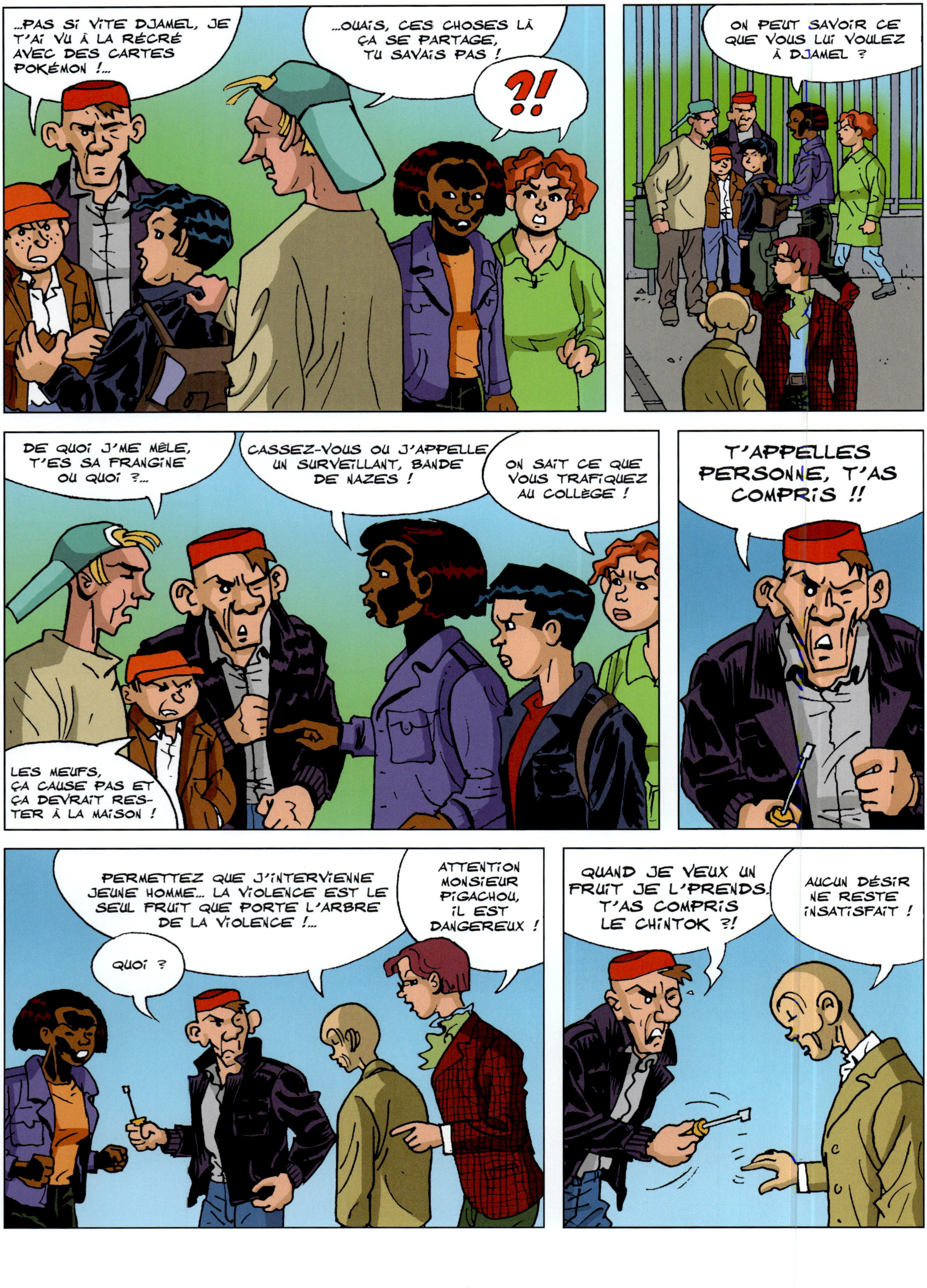
...PAS Si ViTE DJAMEL, JE T'Ai VU À LA RÉCRÉ AVEC DES CARTES POKÉMON !...
...OUAiS, CES CHOSES LÀ ÇA SE PARTAGE, TU SAVAiS PAS !
?!
ON PEUT SAVOiR CE QUE VOUS LUi VOULEZ À DJAMEL ?
DE QUOi J'ME MÊLE, T'ES SA FRANGiNE OU QUOi ?...
CASSEZ-VOUS OU J'APPELLE UN SURVEiLLANT, BANDE DE NAZES !
ON SAiT CE QUE VOUS TRAFiQUEZ AU COLLÈGE !
LES MEUFS, ÇA CAUSE PAS ET ÇA DEVRAiT RESTER À LA MAiSON !
T'APPELLES PERSONNE, T'AS COMPRiS !!
PERMETTEZ QUE J'iNTERViENNE JEUNE HOMME... LA ViOLENCE EST LE SEUL FRUiT QUE PORTE L'ARBRE DE LA ViOLENCE !...
ATTENTiON MONSiEUR PiGACHOU, iL EST DANGEREUX !
QUOi ?
QUAND JE VEUX UN FRUiT JE L'PRENDS. T'AS COMPRiS LE CHiNTOK ?!
AUCUN DÉSiR NE RESTE iNSATiSFAiT !

FOMMENT iL A FÉ FA, HEiN ! FOMMENT iL A FÉ ?!
FOME ÇA !
HÉ, COMMENT VOUS FAITES ? J'AiMERAiS APPRENDRE. COMME ÇA, iLS NE FERONT PLUS DE MAL !
CHERS ENFANTS, iL EST iLLUSOiRE DE CROiRE QUE LA ViOLENCE RÉSOUT TOUT...
QUE SE PASSE-T-iL iCi ?
OUAiS, FiNi LE RACKET AU BAHUT !

LA VIOLENCE ENTRAINE LA VIOLENCE, MÊME SI ELLE SEMBLE NÉCESSAIRE À CERTAINS MOMENTS.
MOI, SI J'AVAIS DES SUPER POUVOIRS, JE M'EN SERVIRAIS POUR RENDRE LE MONDE MEILLEUR !
"...TOUTE LUTTE DANS LA VIE N'EST QUE CHAOS QUI ASPIRE À L'ORDRE..."
AINSI PARLE LE SAGE.
M'DAME, NOUS ON RENTRE !
NE L'ÉCOUTEZ PAS MADAME, IL NE DIT QUE DES CONNERIES !
RENTREZ BIEN LES ENFANTS. ON EN REPARLE DEMAIN TRANQUILLEMENT.
MOI JE SUIS SÛR QU'ILS EXISTENT LES SUPER-HÉROS ! UN JOUR, JE VOUS LE PROUVERAI!
ARRÊTE DE RÊVER DJAMEL! TOUT ÇA C'EST POUR NOUS FAIRE OUBLIER NOTRE VIE DE MERDE.

C'EST ÇA, VA LES REJOINDRE TES ROBOTS MUSCLÉS... C'EST PAS EUX QUI TE TROUVERONT UN TRAVAIL DEMAIN !
DJAMEL, MALGRÉ LES APPARENCES, N'EST PAS UN GARÇON COMME LES AUTRES...
IL EST PASSIONNÉ PAR TOUT CE QUI TOUCHE AUX SUPER-HÉROS ET AUTRES ROBOTS AUX MULTIPLES POUVOIRS...
IL N'EST PAS LE SEUL, CERTES.
MAIS DJAMEL Y VOIT AUTRE CHOSE QU'UN EXUTOIRE AUX VIOLENCES QUE VIVENT CES JEUNES AU QUOTIDIEN.
DJAMEL !
NIQUE TA MÈRE À FOND !
SALE ENFOIRÉ, T'AS INTÉRÊT À NOUS REFILER TES CARTES DEMAIN !
COMPTE LÀ-DESSUS !
TU FAIS PAS LE FIER TOUT SEUL, HEIN ?

MALGRÉ SON RESSENTIMENT FACE À CETTE INJUSTE VIOLENCE, DJAMEL CACHE AU FOND DE LUI UN IDÉAL QUI LE DIFFÉRENCIE DES JEUNES DE SON ÂGE ...
SE TAPER DESSUS, C'EST NUL ! LA VIOLENCE NE RÈGLE PAS LES PROBLÈMES DU MONDE. ALORS, POURQUOI ELLE EXISTE ?...
IL PENSE QUE LES SUPER-HÉROS EXISTENT QUELQUE PART ET QU'UN JOUR, ILS SERONT SES ALLIÉS DANS SA QUÊTE ...
C'EST SON VOEU LE PLUS CHER !
SOUDAIN...
KRAK!

Schriiiiiii
HÉ LÀ !
Schriiiiiii
Schriiiiiiiiiiiii
IL S'EST MIS EN BOULE !?... PLUS RIEN ! C'EST MÊME FROID !
C'EST À CETTE HEURE-CI QUE TU RENTRES ! TON REPAS EST FROID !
J'AI PAS FAIM M'MAN, J'AI PLEIN DE BOULOT ! JE VAIS DANS MA CHAMBRE !
PENDANT DES HEURES, DJAMEL ESSAYA DE RÉVEILLER LA SPHÈRE...
RIEN N'Y FIT. HARASSÉ, IL S'ENDORMIT ET RÊVA.
IL IMAGINA QUE SON RÊVE SE RÉALISAIT...
AUCUN SOUHAIT NE DEMEURE INSATISFAIT !

LE LENDEMAIN MATIN AU COLLÈGE...
HÉ LES FILLES, J'AI QUELQUE CHOSE À VOUS MONTRER !
QU'EST-CE QU'IL VA ENCORE NOUS INVENTER ?
AU FOND DE LA COUR... JE NE VEUX PAS QU'ON NOUS REPÈRE !
QU'EST-CE QUE C'EST ?!
UNE SPHÈRE !
ON VOIT BIEN QUE C'EST UNE SPHÈRE... ET ALORS ?
ELLE CONTIENT UN ROBOT QUI PARLE !
C'EST UNE SPHÈRE MAGIQUE QUOI !
C'EST ÇA, ET ELLE PARLE !
ELLE PARLE ET A PLEIN DE POUVOIRS ?
BEN OUI...
Y EN A MARRE DJAMEL ! TU NOUS RACONTES TOUJOURS LES MÊMES SALADES !
HÉ, QU'EST-CE QUE T'ATTENDS ? MONTRE-TOI !
TIENS NOUS AU COURANT ! NOUS, ON VA EN CLASSE !
PUTAIN C'EST LA HONTE !
LA HONTE ET LA BASTON !
CETTE FOIS, PERSONNE NE VIENDRA TE DÉFENDRE !
LACHE ÇA CONNARD !
STOP !

Pas de violence !!!
Pas de violence !!!
Niveau de tolérance limite!
Effacement des sujets si récidive!
NOUS, ON SE TIRE !
ON A À FAIRE !
OUAIS SALUT !
?

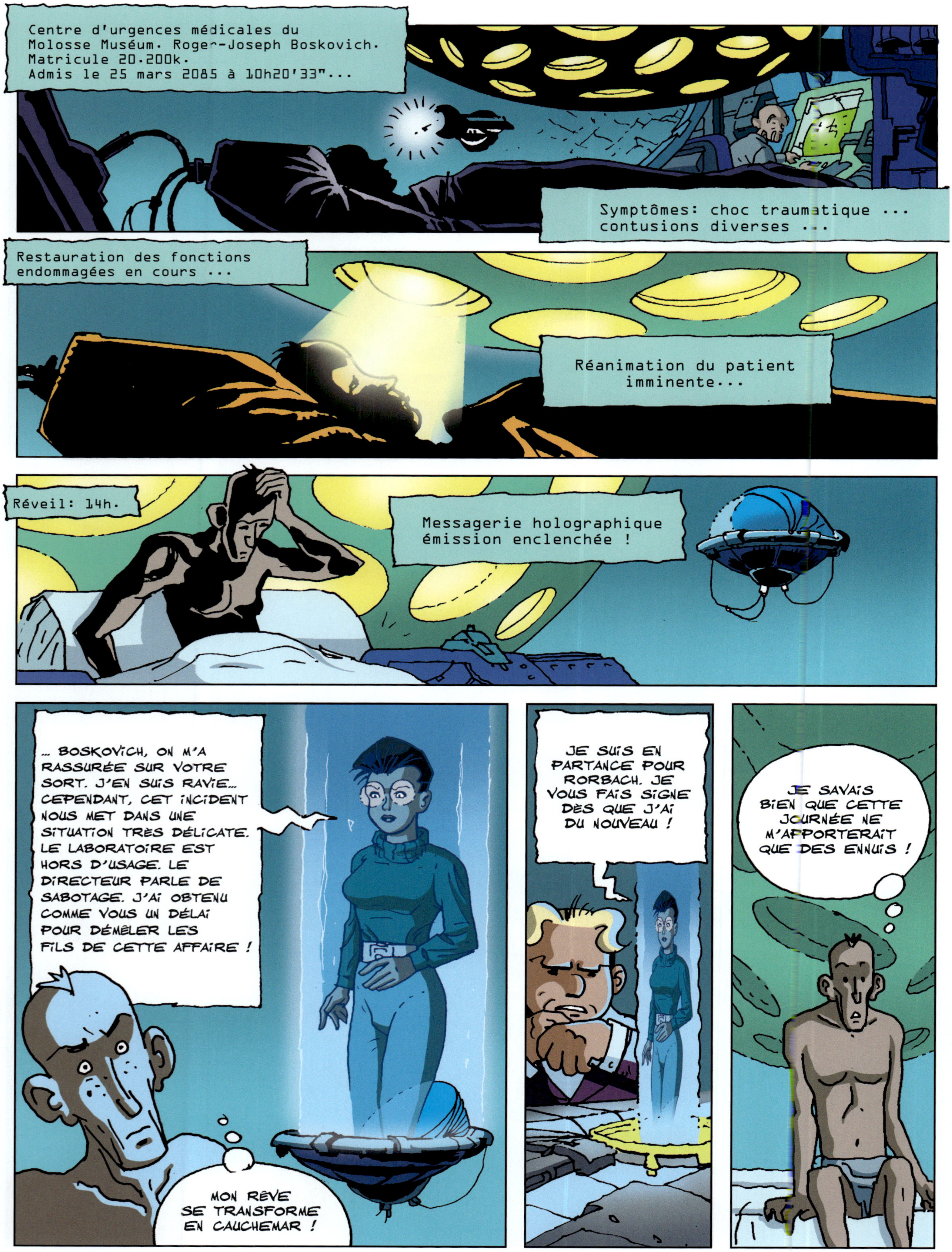

Centre d'urgences médicales du Molosse Muséum. Roger-Joseph Boskovich. Matricule 20.200k. Admis le 25 mars 2085 à 10h20'33"...
Symptômes: choc traumatique ... contusions diverses ...
Restauration des fonctions endommagées en cours ...
Réanimation du patient imminente...
Réveil: 14h.
Messagerie holographique émission enclenchée !
... BOSKOVICH, ON M'A RASSURÉE SUR VOTRE SORT. J'EN SUIS RAVIE... CEPENDANT, CET INCIDENT NOUS MET DANS UNE SITUATION TRÈS DÉLICATE. LE LABORATOIRE EST HORS D'USAGE. LE DIRECTEUR PARLE DE SABOTAGE. J'AI OBTENU COMME VOUS UN DÉLAI POUR DÉMÊLER LES FILS DE CETTE AFFAIRE !
MON RÊVE SE TRANSFORME EN CAUCHEMAR !
JE SUIS EN PARTANCE POUR RORBACH. JE VOUS FAIS SIGNE DÈS QUE J'AI DU NOUVEAU !
JE SAVAIS BIEN QUE CETTE JOURNÉE NE M'APPORTERAIT QUE DES ENNUIS !

QUELQUE CHOSE ME PERTURBE DANS LE MESSAGE DE MARIE-MARTINE...
Merci de votre visite au service hospitalier...
JE LA CONNAIS, TROP PROTOCOLAIRE...
LE DIRECTEUR DEVAIT ÊTRE À L'ÉCOUTE !
HEUREUSEMENT, NOUS AVONS NOS PROPRES MOYENS DE COMMUNICATION...
Bienvenue dans votre service...
REVOYONS LE MESSAGE DE MARIE-MARTINE...
Ouverture...
Lecture...
Agrandissement...
975UW12
Localisation...
Code d'appel...
Contact...
UN NUMÉRO SUR SES LUNETTES ! UN NUMÉRO DE SÉRIE OU UN CODE D'APPEL PERSONNALISÉ ?
ESSAYONS...
BOSKOVICH... JE SAVAIS QUE VOUS ME TROUVERIEZ SANS PEINE... JE SUIS À RORBACH... JE VOUS FAIS LE POINT DE LA SITUATION: LAM N'A PAS EXPLOSÉ, IL A IMPLOSÉ ! IL S'EST DISSOUS EN PARTICULES D'ÉNERGIE DONT LE FLUX S'EST TRANSMIS DE MON ORDINATEUR JUSQU'ICI... PUIS PLUS RIEN !
MARIE-MARTINE, ÊTES-VOUS EN TRAIN DE ME DIRE QUE CE ROBOT S'EST PROJETÉ DANS L'ESPACE-TEMPS ?!

C'EST UNE PROBABILITÉ... DEVANT L'ATTAQUE DU VIRUS ET POUR SE DÉFENDRE SANS NOUS NUIRE, LAM A MODIFIÉ LUI-MÊME SON ADN ET PROVOQUÉ UN PHÉNOMÈNE DE TRANSFORMATION EXTRÊMEMENT RAPIDE DE L'ÉNERGIE-MATIÈRE CONTENUE DANS SON GÉNÔME...
...CE QUI L'A PROJETÉ DANS LE TEMPS. SANS DOUTE A-T-IL FAIT CELA POUR SE DÉBARRASSER DU VIRUS. MAIS QUELQUE CHOSE A DU MAL TOURNER ET EMPÊCHER SON RETOUR. LAM RÉAGIT TOUJOURS DE MANIÈRE ADÉQUATE À LA SITUATION. VOUS AVEZ VU SES CAPACITÉS. MAIS IL RESTE UN PROTOTYPE. COMMENT VA-T-IL RÉAGIR DANS UN MONDE DONT IL NE CONNAIT PAS LES RÈGLES ?... SES PROTOCOLES NE SONT PAS CONFIGURÉS POUR CELA...
NOUS DEVONS DONC LE RETROUVER AU PLUS VITE ! VENEZ ME REJOINDRE ICI.
EN ROUTE POUR RORBACH...
LA ZONE NORD... UNE DES RÉGIONS QUI A LE PLUS SOUFFERT DE LA GUERRE TOTALE DE 2020...
Y SURVIVENT ENCORE DES HORDES DE ROBOTS MUTANTS À PROGRAMMATION ANTIPERSONNELLE !

N'aie pas peur, je m'appelle Lam. Je suis le robot que tu as recueilli hier. Sans toi, je n'aurais pas pu me régénérer...
TU ES UN TERMINATOR À LA RECHERCHE DE SARAH CONNOR ?
Non.
... T'ES UN POWER RANGER ALORS ? TU TE TRANSFORMES POUR COMBATTRE LES MONSTRES DE L'ESPACE !
Non rien de tout ça.
Je réagis en fonction de la situation.
S'IL ME VOIT, JE SUIS BON POUR UNE COLLE !
MERDE LE PION !
QU'EST-CE QUE C'EST ?
UN OISEAU ?
UN AVION ?
NON! C'EST LAM ET DJAMEL...
MÉGA GÉNIAL, ÇA C'EST UNE BONNE RÉACTION.
T'AS DE SUPERS POUVOIRS !
...À LA RECHERCHE D'UN ENDROIT TRANQUILLE.
CHEZ MOI !? COMMENT AS-TU RETROUVÉ LE CHEMIN ?
Un réflexe conditionné sans doute.
TU ES UN ROBOT. UN ROBOT, ÇA A TOUJOURS UNE MISSION. C'EST QUOI TA MISSION ? QUI T'AS ENVOYÉ ?
Je ne sais pas... J'ai subi de graves dommages lors de mon tranfert.
Mes neuro-circuits sont endommagés... certaines fonctions sont hors d'usage, momentanément, j'espère.
MOI, JE SAIS QUI TU ES !

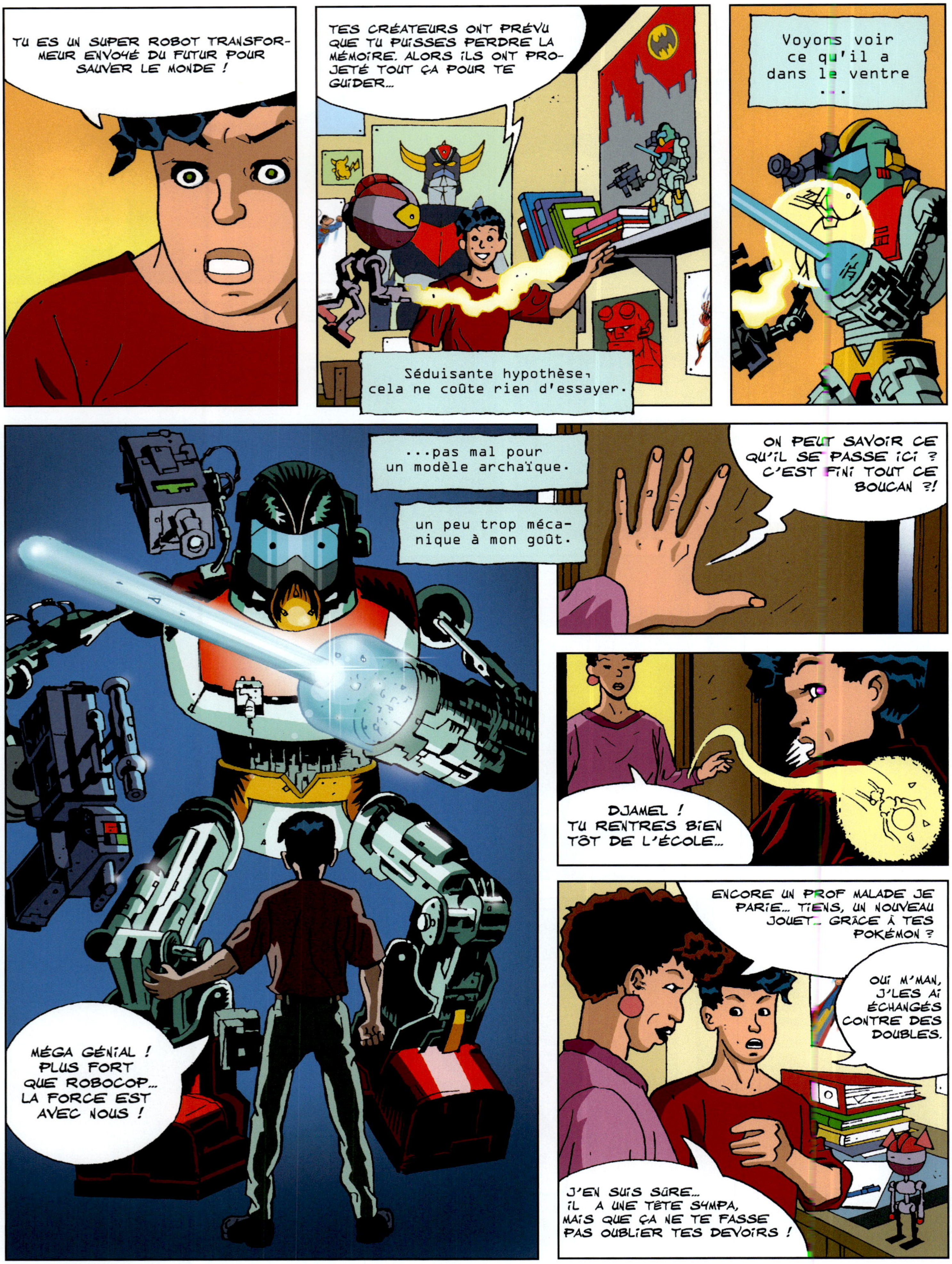
TU ES UN SUPER ROBOT TRANSFORMEUR ENVOYÉ DU FUTUR POUR SAUVER LE MONDE !
TES CRÉATEURS ONT PRÉVU QUE TU PUISSES PERDRE LA MÉMOIRE. ALORS ILS ONT PROJETÉ TOUT ÇA POUR TE GUIDER...
Séduisante hypothèse, cela ne coûte rien d'essayer.
Voyons voir ce qu'il a dans le ventre ...
...pas mal pour un modèle archaïque.
un peu trop mécanique à mon goût.
MÉGA GÉNIAL ! PLUS FORT QUE ROBOCOP... LA FORCE EST AVEC NOUS !
ON PEUT SAVOIR CE QU'IL SE PASSE ICI ? C'EST FINI TOUT CE BOUCAN ?!
DJAMEL ! TU RENTRES BIEN TÔT DE L'ÉCOLE...
ENCORE UN PROF MALADE JE PARIE... TIENS, UN NOUVEAU JOUET... GRÂCE À TES POKÉMON ?
OUI M'MAN, J'LES AI ÉCHANGÉS CONTRE DES DOUBLES.
J'EN SUIS SÛRE... IL A UNE TÊTE SYMPA, MAIS QUE ÇA NE TE FASSE PAS OUBLIER TES DEVOIRS !

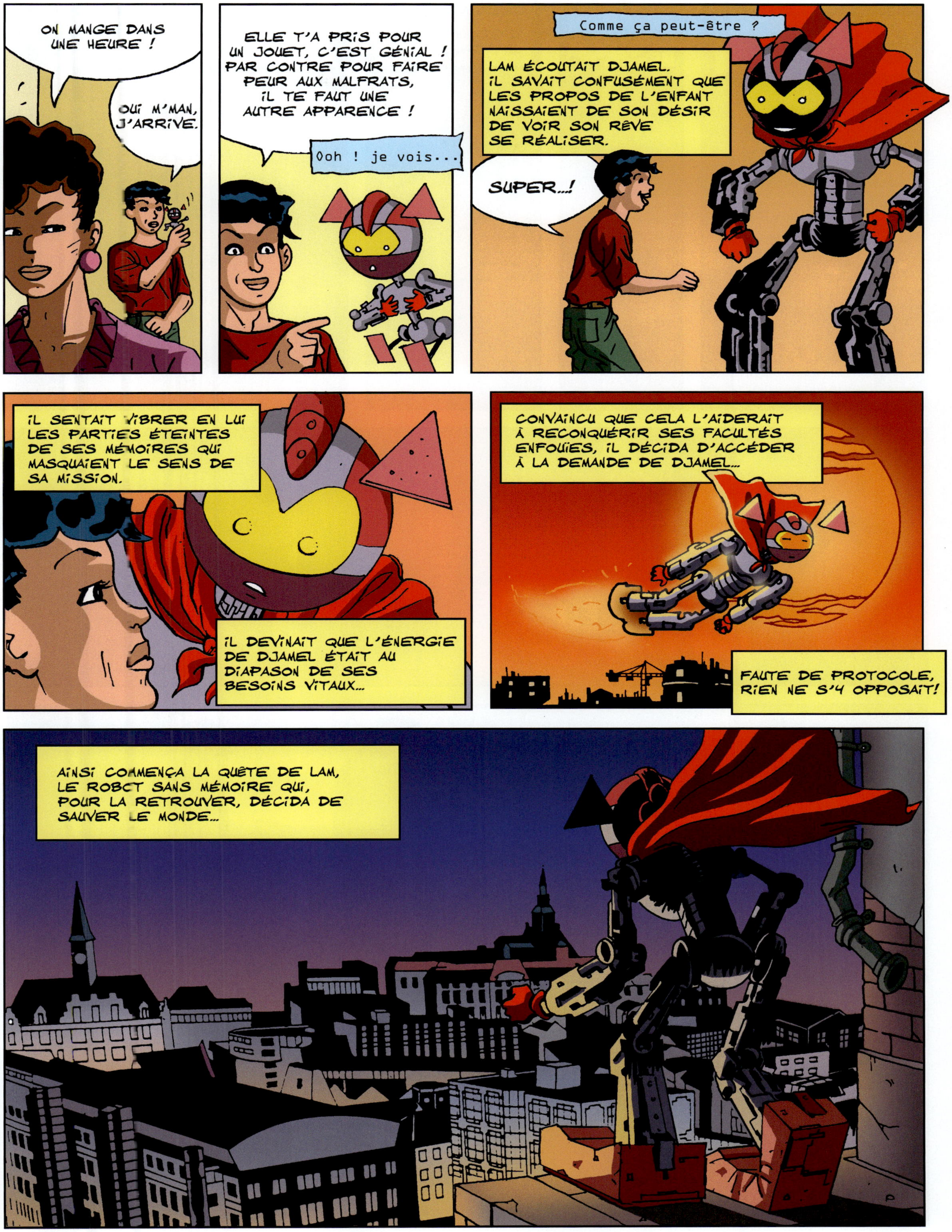
ON MANGE DANS UNE HEURE !
OUI M'MAN, J'ARRIVE.
ELLE T'A PRIS POUR UN JOUET, C'EST GÉNIAL ! PAR CONTRE POUR FAIRE PEUR AUX MALFRATS, IL TE FAUT UNE AUTRE APPARENCE !
Ooh ! je vois...
Comme ça peut-être ?
LAM ÉCOUTAIT DJAMEL. IL SAVAIT CONFUSÉMENT QUE LES PROPOS DE L'ENFANT NAISSAIENT DE SON DÉSIR DE VOIR SON RÊVE SE RÉALISER.
SUPER...!
IL SENTAIT VIBRER EN LUI LES PARTIES ÉTEINTES DE SES MÉMOIRES QUI MASQUAIENT LE SENS DE SA MISSION.
IL DEVINAIT QUE L'ÉNERGIE DE DJAMEL ÉTAIT AU DIAPASON DE SES BESOINS VITAUX...
CONVAINCU QUE CELA L'AIDERAIT À RECONQUÉRIR SES FACULTÉS ENFOUIES, IL DÉCIDA D'ACCÉDER À LA DEMANDE DE DJAMEL...
FAUTE DE PROTOCOLE, RIEN NE S'Y OPPOSAIT!
AINSI COMMENÇA LA QUÊTE DE LAM, LE ROBOT SANS MÉMOIRE QUI, POUR LA RETROUVER, DÉCIDA DE SAUVER LE MONDE...

ADOPTANT LA PSYCHOLOGIE ET LES MÉTHODES DES SUPER-HÉROS...
PAR SOUCIS DE DISCRÉTION...
ET POUR ÊTRE EFFICACE...
LAM DÉCIDA D'AGIR SURTOUT LA NUIT.
BLAM! BLAM! BLAM! BLAM!
LE GARDIEN LES A TROUVÉS ENDORMIS À CÔTÉ DU COFFRE ! ILS RONFLAIENT...

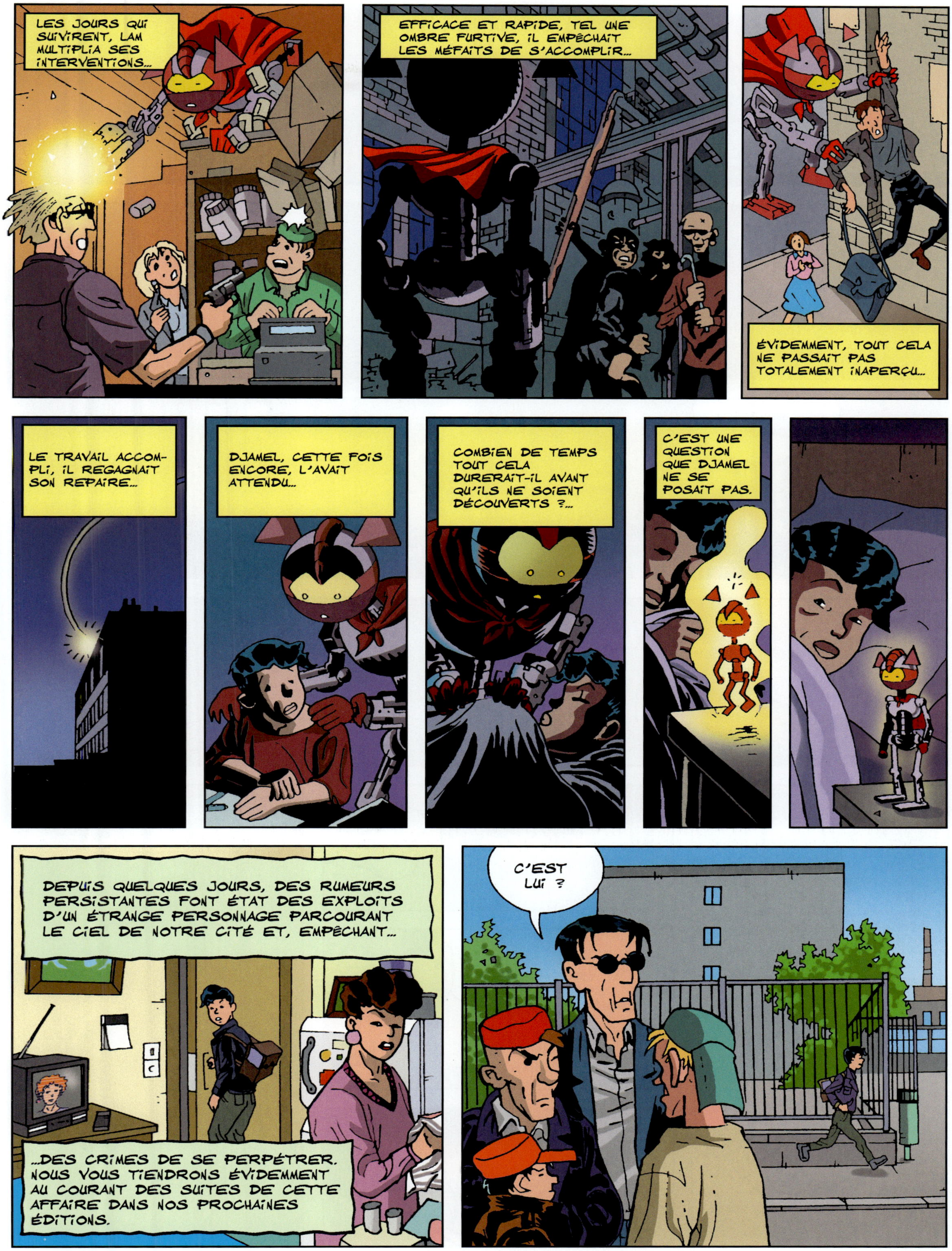
LES JOURS QUI SUIVIRENT, LAM MULTIPLIA SES INTERVENTIONS...
EFFICACE ET RAPIDE, TEL UNE OMBRE FURTIVE, IL EMPÊCHAIT LES MÉFAITS DE S'ACCOMPLIR...
ÉVIDEMMENT, TOUT CELA NE PASSAIT PAS TOTALEMENT INAPERÇU...
LE TRAVAIL ACCOMPLI, IL REGAGNAIT SON REPAIRE...
DJAMEL, CETTE FOIS ENCORE, L'AVAIT ATTENDU...
COMBIEN DE TEMPS TOUT CELA DURERAIT-IL AVANT QU'ILS NE SOIENT DÉCOUVERTS ?...
C'EST UNE QUESTION QUE DJAMEL NE SE POSAIT PAS.
DEPUIS QUELQUES JOURS, DES RUMEURS PERSISTANTES FONT ÉTAT DES EXPLOITS D'UN ÉTRANGE PERSONNAGE PARCOURANT LE CIEL DE NOTRE CITÉ ET, EMPÊCHANT...
...DES CRIMES DE SE PERPÉTRER. NOUS VOUS TIENDRONS ÉVIDEMMENT AU COURANT DES SUITES DE CETTE AFFAIRE DANS NOS PROCHAINES ÉDITIONS.
C'EST LUI ?

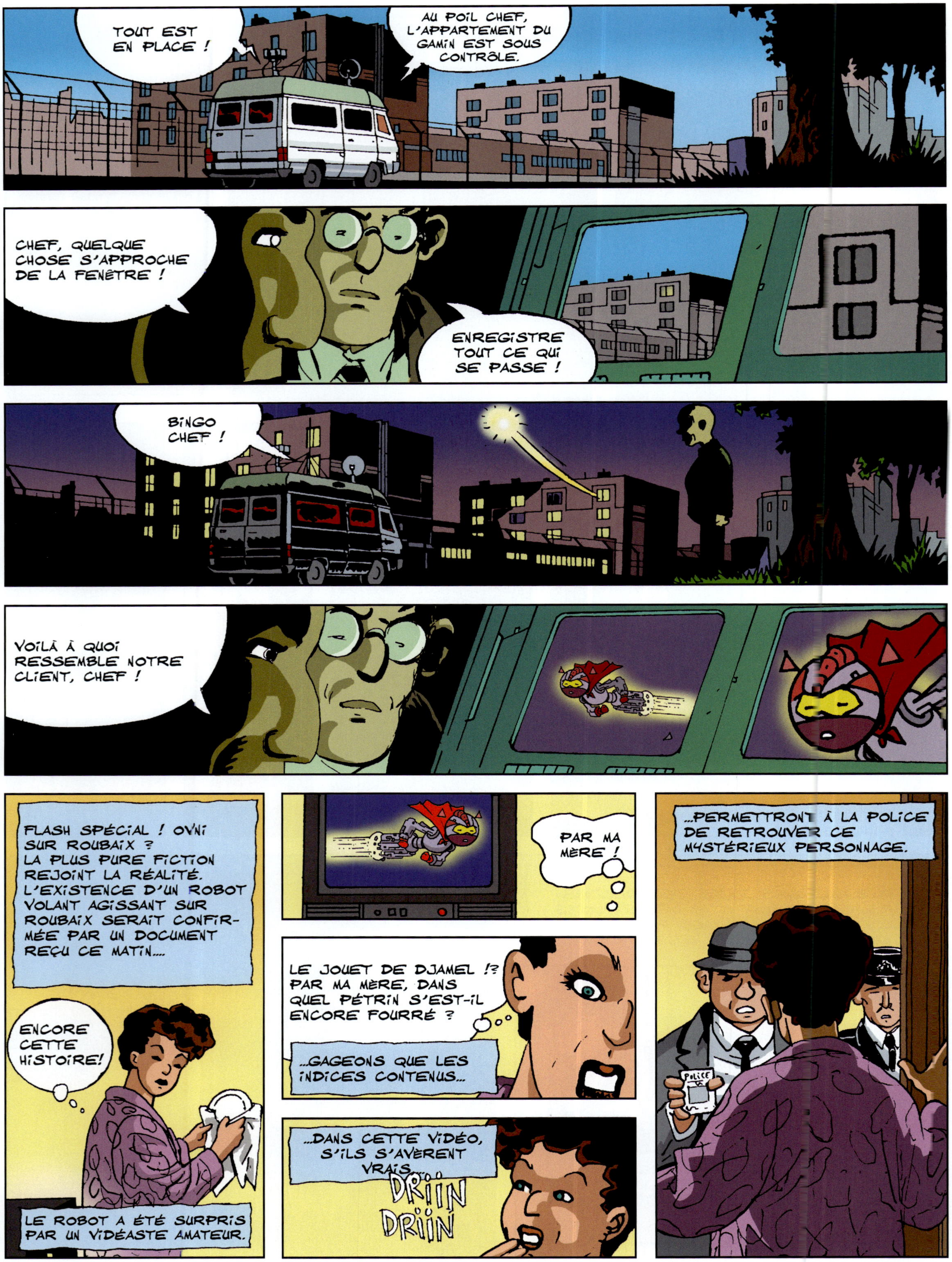
TOUT EST EN PLACE !
AU POIL CHEF, L'APPARTEMENT DU GAMIN EST SOUS CONTRÔLE.
CHEF, QUELQUE CHOSE S'APPROCHE DE LA FENÊTRE !
ENREGISTRE TOUT CE QUI SE PASSE !
BINGO CHEF !
VOILÀ À QUOI RESSEMBLE NOTRE CLIENT, CHEF !
FLASH SPÉCIAL ! OVNI SUR ROUBAIX ? LA PLUS PURE FICTION REJOINT LA RÉALITÉ. L'EXISTENCE D'UN ROBOT VOLANT AGISSANT SUR ROUBAIX SERAIT CONFIRMÉE PAR UN DOCUMENT REÇU CE MATIN...
ENCORE CETTE HISTOIRE!
LE ROBOT A ÉTÉ SURPRIS PAR UN VIDÉASTE AMATEUR.
PAR MA MÈRE !
LE JOUET DE DJAMEL !? PAR MA MÈRE, DANS QUEL PÉTRIN S'EST-IL ENCORE FOURRÉ ?
...GAGEONS QUE LES INDICES CONTENUS...
...DANS CETTE VIDÉO, S'ILS S'AVÈRENT VRAIS...
DRIIN DRIIN
...PERMETTRONT À LA POLICE DE RETROUVER CE MYSTÉRIEUX PERSONNAGE.
POLICE

EXTRAORDINAIRE RÉVÉLATION !! ROUBAIX ABRITE UN ROBOT AUX MULTIPLES POUVOIRS... CE MATIN, LA POLICE S'EST RENDUE CHEZ MADAME YASMINE CHOUCRANE. CETTE DERNIÈRE VENAIT DE DÉCOUVRIR QUE SON FILS DJAMEL, QU'ELLE ÉLÈVE SEULE, HÉBERGEAIT LE ROBOT DANS SA CHAMBRE.
3
Je m'appelle Lam, je suis un bio-robot...
Je suis en mission dans votre région pour un certain temps ...
Ne soyez pas impressionnés par ma taille, elle change selon les circonstances.
VOUS VOYEZ QUE ÇA EXISTE LES ROBOTS !
HÉ, LA RAMÈNE PAS DJAMEL ! J'PARIE QUE C'EST UN COUP DE PUB !
C'EST AU COLLÈGE ALBERT SAMAIN OÙ LE JEUNE GARÇON POURSUIT SES ÉTUDES, QU'IL FUT INTERROGÉ. SOULAGÉ SEMBLE-T-IL D'UN LOURD FARDEAU, IL N'HÉSITA PAS À PRÉSENTER SON "AMI" À L'ASSISTANCE.

LES PROPOS DE LAM ONT RASSURÉ LES AUTORITÉS ET CONQUIS LA FOULE VENUE NOMBREUSE À LA RENCONTRE DE CELUI QUI, INCOGNITO, A DÉJÀ EMPÊCHÉ DE NOMBREUX CRIMES DE SE PERPÉTRER...

LES AUTORITÉS SAURONT S'EN SOUVENIR. C'EST EN HÉROS QUE LAM FUT REÇU À L'HÔTEL DE VILLE OÙ S'EN SUIVIT UN LONG ENTRETIEN AVEC LE MAIRE...
UN PORTE-PAROLE A ANNONCÉ QUE DORÉNAVANT, C'EST EN ÉTROITE COLLABORATION AVEC LA VILLE QUE LE ROBOT POURSUIVRA SES ACTIVITÉS DE SALUT PUBLIC !

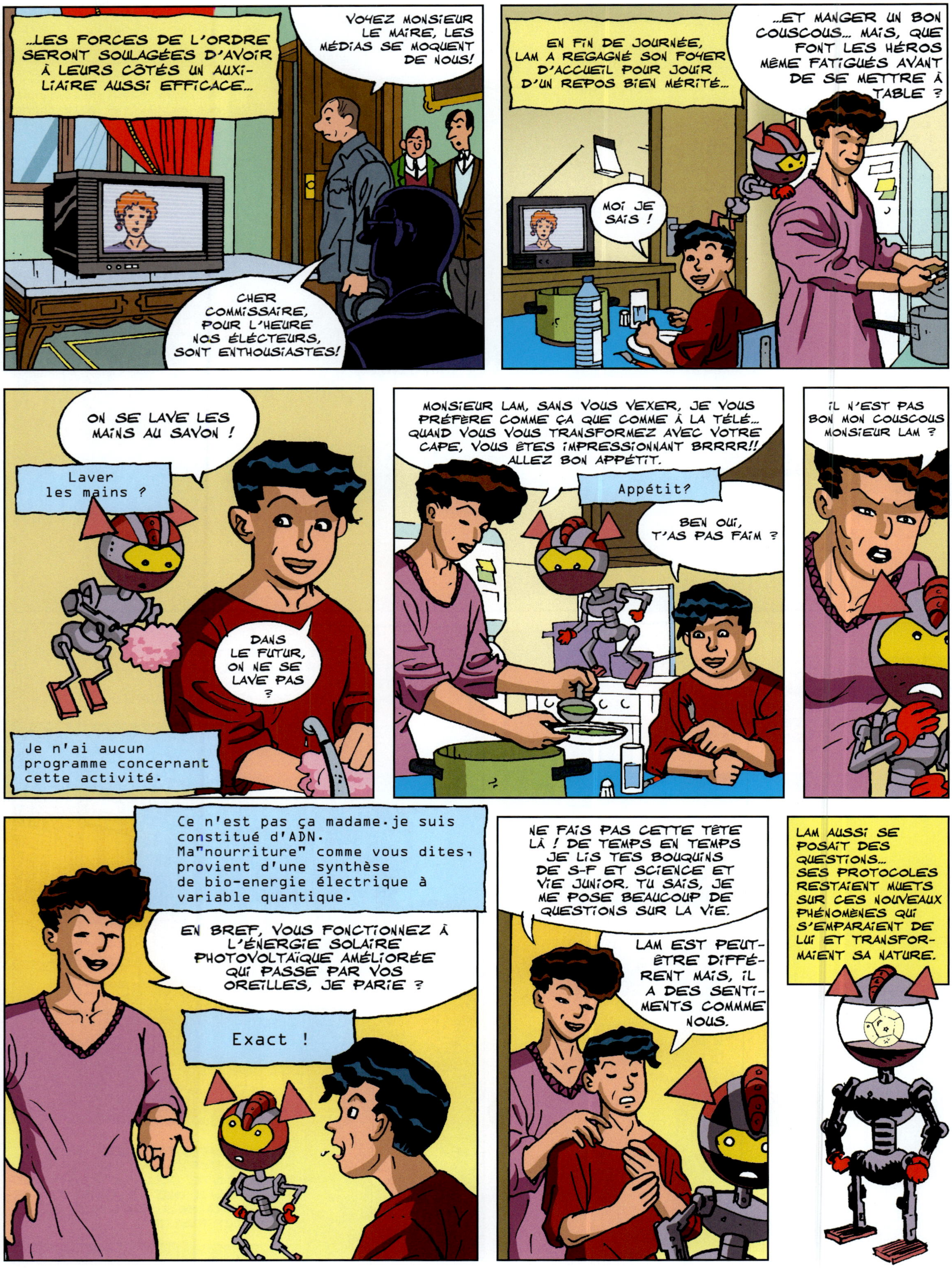

...LES FORCES DE L'ORDRE SERONT SOULAGÉES D'AVOIR À LEURS CÔTÉS UN AUXILIAIRE AUSSI EFFICACE...
VOYEZ MONSIEUR LE MAIRE, LES MÉDIAS SE MOQUENT DE NOUS!
CHER COMMISSAIRE, POUR L'HEURE NOS ÉLECTEURS, SONT ENTHOUSIASTES!
EN FIN DE JOURNÉE, LAM A REGAGNÉ SON FOYER D'ACCUEIL POUR JOUIR D'UN REPOS BIEN MÉRITÉ...
...ET MANGER UN BON COUSCOUS... MAIS, QUE FONT LES HÉROS MÊME FATIGUÉS AVANT DE SE METTRE À TABLE ?
MOI JE SAIS !
ON SE LAVE LES MAINS AU SAVON !
Laver les mains ?
DANS LE FUTUR, ON NE SE LAVE PAS ?
Je n'ai aucun programme concernant cette activité.
MONSIEUR LAM, SANS VOUS VEXER, JE VOUS PRÉFÈRE COMME ÇA QUE COMME À LA TÉLÉ... QUAND VOUS VOUS TRANSFORMEZ AVEC VOTRE CAPE, VOUS ÊTES IMPRESSIONNANT BRRRR!! ALLEZ BON APPÉTIT.
Appétit?
BEN OUI, T'AS PAS FAIM ?
IL N'EST PAS BON MON COUSCOUS MONSIEUR LAM ?
Ce n'est pas ça madame. je suis constitué d'ADN. Ma"nourriture" comme vous dites, provient d'une synthèse de bio-energie électrique à variable quantique.
EN BREF, VOUS FONCTIONNEZ À L'ÉNERGIE SOLAIRE PHOTOVOLTAÏQUE AMÉLIORÉE QUI PASSE PAR VOS OREILLES, JE PARIE ?
Exact !
NE FAIS PAS CETTE TÊTE LÀ ! DE TEMPS EN TEMPS JE LIS TES BOUQUINS DE S-F ET SCIENCE ET VIE JUNIOR. TU SAIS, JE ME POSE BEAUCOUP DE QUESTIONS SUR LA VIE.
LAM EST PEUT-ÊTRE DIFFÉRENT MAIS, IL A DES SENTIMENTS COMMME NOUS.
LAM AUSSI SE POSAIT DES QUESTIONS... SES PROTOCOLES RESTAIENT MUETS SUR CES NOUVEAUX PHÉNOMÈNES QUI S'EMPARAIENT DE LUI ET TRANSFORMAIENT SA NATURE.

LES JOURS QUI SUIVIRENT FURENT POUR LA PLUS CONVENTIONNELS ...
MERCI MON GARÇON.
MADAME VOTRE SAC !
IL EST SERVIABLE, IL PREND MÊME LE TEMPS D'AIDER LES PETITES VIEILLES.
ON DIT "LES PERSONNES AGÉES" !... D'AILLEURS, LE MONDE ENTIER NOUS L'ENVIE.
VOUS NE PERDEZ RIEN POUR ATTENDRE...
LA POPULATION LUI TÉMOIGNAIT TOUTE SA CONFIANCE ET, TRÈS VITE, S'EN REMIT À SES POUVOIRS POUR RÉGLER LE MOINDRE PROBLÈME ...
QUE FONT LES POMPIERS ?
TOUJOURS À LA TRAINE !
HÉ LES POMPIERS, MAGNEZ-VOUS, J'AI UN AVION À PRENDRE !
ON EST COINCÉ AU BOUT DU BOULEVARD À CAUSE DES CURIEUX !
AVEC LE ROBOT, ON A PLUS BESOIN DE VOUS !

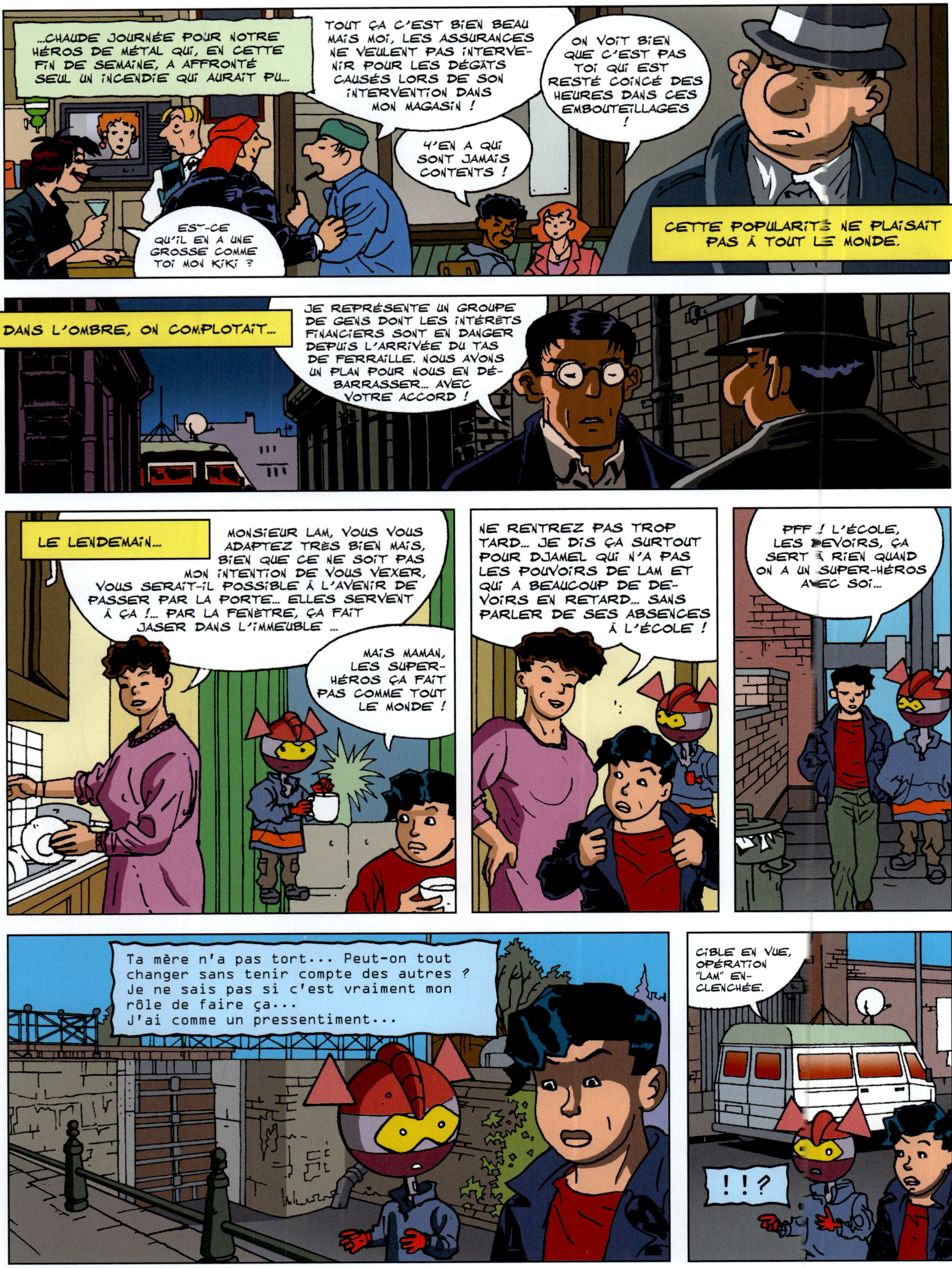
...CHAUDE JOURNÉE POUR NOTRE HÉROS DE MÉTAL QUI, EN CETTE FIN DE SEMAINE, A AFFRONTÉ SEUL UN INCENDIE QUI AURAIT PU...
EST-CE QU'IL EN A UNE GROSSE COMME TOI MON KIKI ?
TOUT ÇA C'EST BIEN BEAU MAIS MOI, LES ASSURANCES NE VEULENT PAS INTERVENIR POUR LES DÉGÂTS CAUSÉS LORS DE SON INTERVENTION DANS MON MAGASIN !
Y'EN A QUI SONT JAMAIS CONTENTS !
ON VOIT BIEN QUE C'EST PAS TOI QUI EST RESTÉ COINCÉ DES HEURES DANS CES EMBOUTEILLAGES !
CETTE POPULARITÉ NE PLAISAIT PAS À TOUT LE MONDE.
DANS L'OMBRE, ON COMPLOTAIT...
JE REPRÉSENTE UN GROUPE DE GENS DONT LES INTÉRÊTS FINANCIERS SONT EN DANGER DEPUIS L'ARRIVÉE DU TAS DE FERRAILLE. NOUS AVONS UN PLAN POUR NOUS EN DÉBARRASSER... AVEC VOTRE ACCORD !
LE LENDEMAIN...
MONSIEUR LAM, VOUS VOUS ADAPTEZ TRÈS BIEN MAIS, BIEN QUE CE NE SOIT PAS MON INTENTION DE VOUS VEXER, VOUS SERAIT-IL POSSIBLE À L'AVENIR DE PASSER PAR LA PORTE... ELLES SERVENT À ÇA !... PAR LA FENÊTRE, ÇA FAIT JASER DANS L'IMMEUBLE ...
MAIS MAMAN, LES SUPER-HÉROS ÇA FAIT PAS COMME TOUT LE MONDE !
NE RENTREZ PAS TROP TARD... JE DIS ÇA SURTOUT POUR DJAMEL QUI N'A PAS LES POUVOIRS DE LAM ET QUI A BEAUCOUP DE DEVOIRS EN RETARD... SANS PARLER DE SES ABSENCES À L'ÉCOLE !
PFF ! L'ÉCOLE, LES DEVOIRS, ÇA SERT À RIEN QUAND ON A UN SUPER-HÉROS AVEC SOI...
Ta mère n'a pas tort... Peut-on tout changer sans tenir compte des autres ? Je ne sais pas si c'est vraiment mon rôle de faire ça... J'ai comme un pressentiment...
CIBLE EN VUE, OPÉRATION "LAM" ENCLENCHÉE.
! ! ?

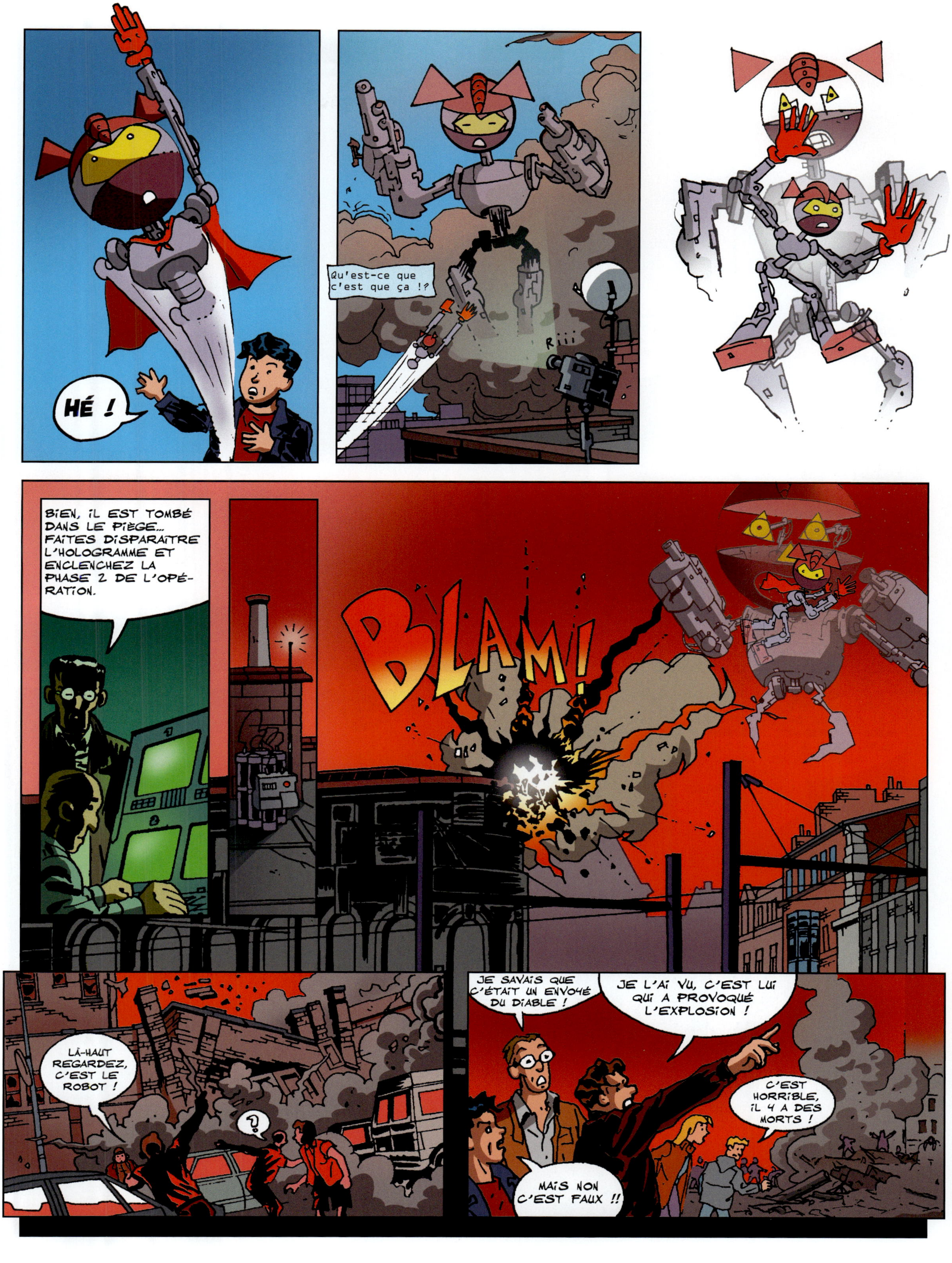
HÉ !
Qu'est-ce que c'est que ça !?
Riii
BIEN, IL EST TOMBÉ DANS LE PIÈGE... FAITES DISPARAITRE L'HOLOGRAMME ET ENCLENCHEZ LA PHASE 2 DE L'OPÉRATION.
BLAM!
LÀ-HAUT REGARDEZ, C'EST LE ROBOT !
?
JE SAVAIS QUE C'ÉTAIT UN ENVOYÉ DU DIABLE !
JE L'AI VU, C'EST LUI QUI A PROVOQUÉ L'EXPLOSION !
C'EST HORRIBLE, IL Y A DES MORTS !
MAIS NON C'EST FAUX !!

iL EST DEVENU FOU !
C'EST LUi QUi A TiRÉ J'EN SUiS SûR !
TOi LE MORVEUX, TU TE CASSES OU ON S'OCCUPE DE TOi !
MAiS ENFiN, iL N'A RiEN FAiT !!
OUi MONSiEUR LE MAiRE... C'EST LAM... OUi... iL DÉTRUiT LA ViLLE... OUi... ON CRAiNT LE PiRE, DES DÉBORDEMENTS... iNTERVENiR ET REMETTRE BON ORDRE DANS TOUT ÇA... AVEC VOTRE ACCORD BiEN-SûR... QUELS QU'EN SOiENT LES MOYENS... BiEN...
A VOS ORDRES MONSiEUR LE MAiRE !
PHASE 3 : FAiTES APPARAiTRE LES DOUBLES HOLOGRAPHiQUES
LeBrouTTeux
PHASE FiNALE : FAiTES EXPLOSER TOUTES LES CHARGES !

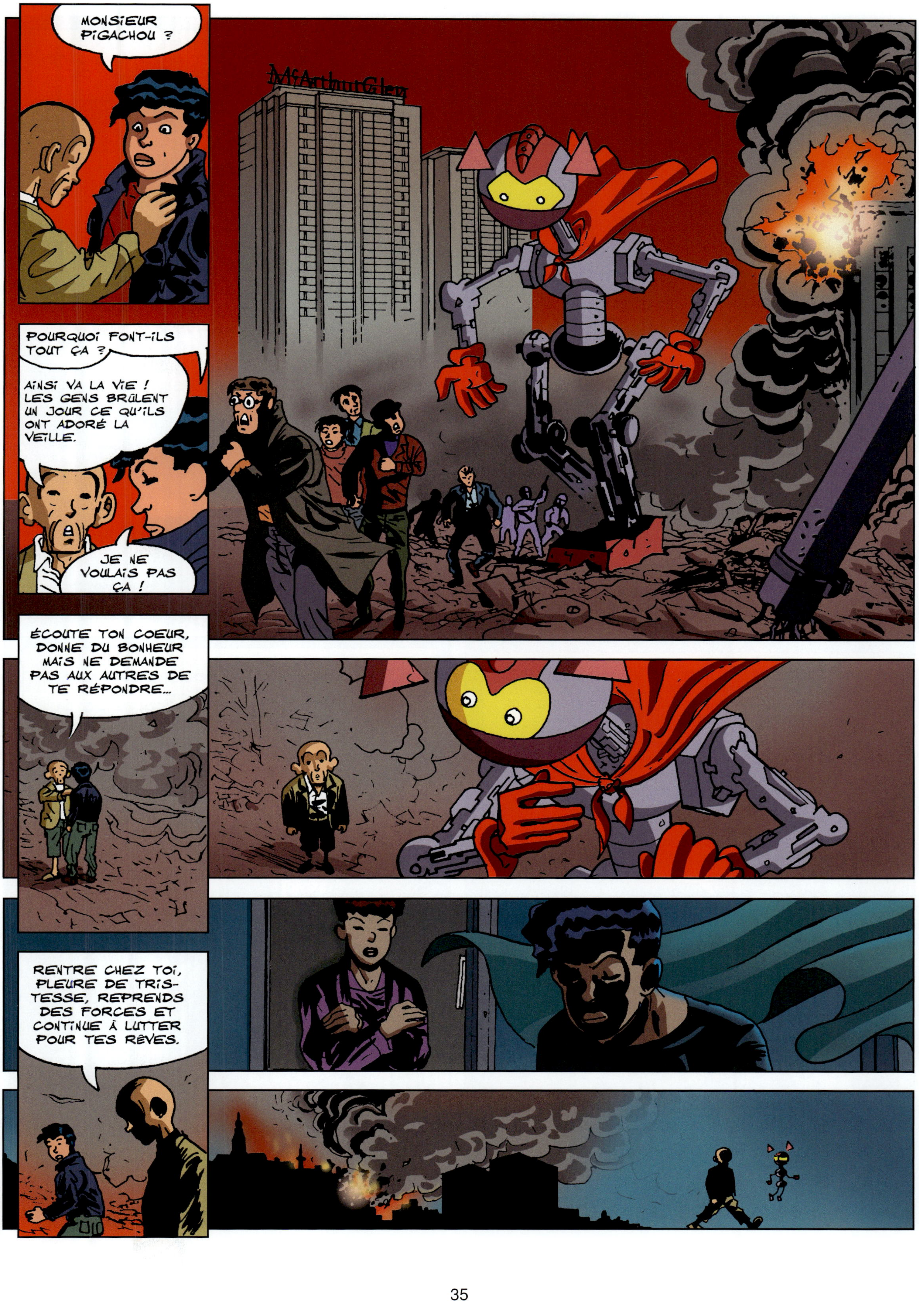
MONSIEUR PIGACHOU ?
McArthurGlen
POURQUOI FONT-ILS TOUT ÇA ?
AINSI VA LA VIE ! LES GENS BRÛLENT UN JOUR CE QU'ILS ONT ADORÉ LA VEILLE.
JE NE VOULAIS PAS ÇA !
ÉCOUTE TON COEUR, DONNE DU BONHEUR MAIS NE DEMANDE PAS AUX AUTRES DE TE RÉPONDRE...
RENTRE CHEZ TOI, PLEURE DE TRISTESSE, REPRENDS DES FORCES ET CONTINUE À LUTTER POUR TES RÊVES.

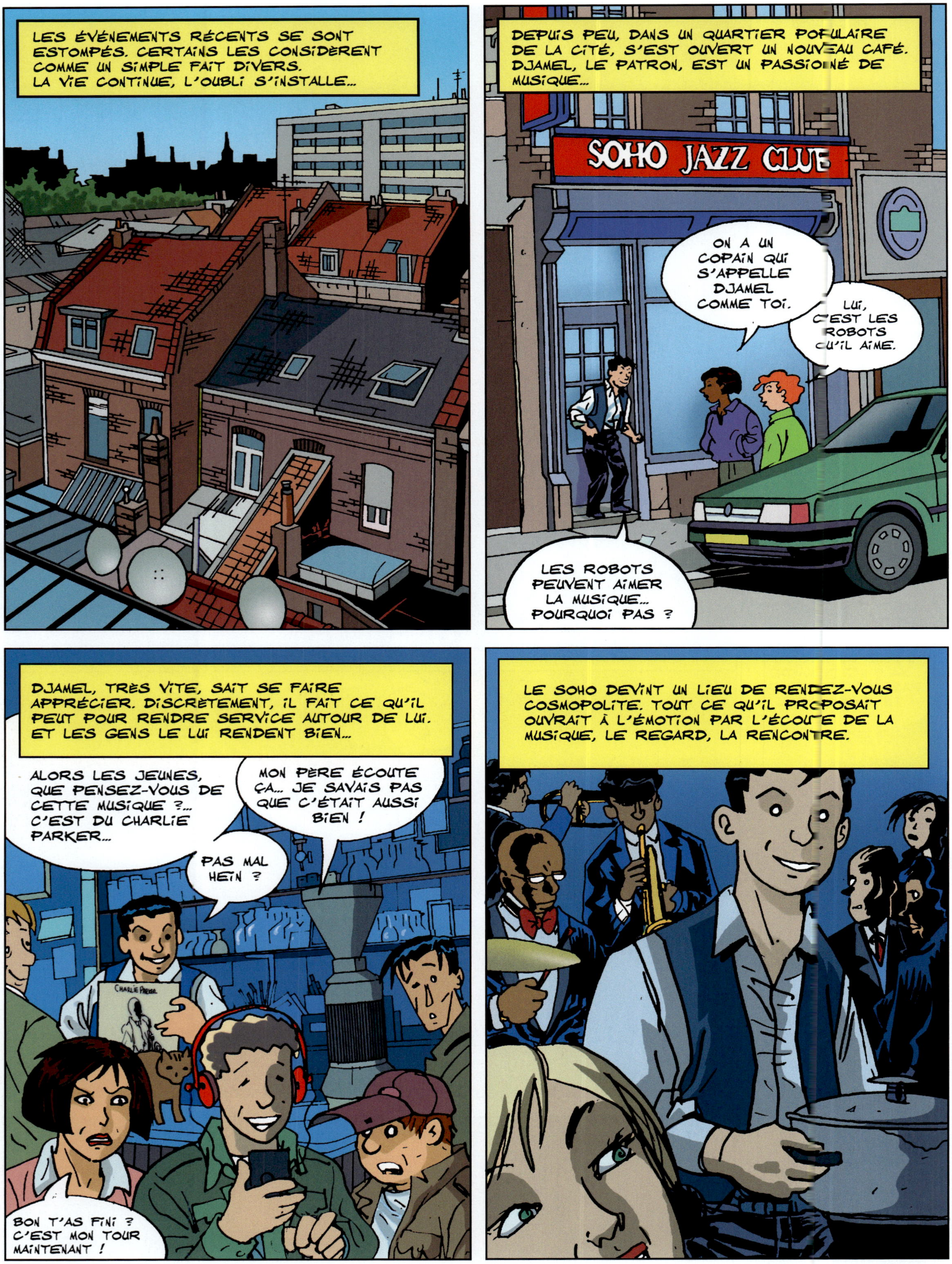

LES ÉVÉNEMENTS RÉCENTS SE SONT ESTOMPÉS. CERTAINS LES CONSIDÈRENT COMME UN SIMPLE FAIT DIVERS. LA VIE CONTINUE, L'OUBLI S'INSTALLE...
DEPUIS PEU, DANS UN QUARTIER POPULAIRE DE LA CITÉ, S'EST OUVERT UN NOUVEAU CAFÉ. DJAMEL, LE PATRON, EST UN PASSIONNÉ DE MUSIQUE...
SOHO JAZZ CLUB
ON A UN COPAIN QUI S'APPELLE DJAMEL COMME TOI.
LUI, C'EST LES ROBOTS QU'IL AIME.
LES ROBOTS PEUVENT AIMER LA MUSIQUE... POURQUOI PAS ?
DJAMEL, TRÈS VITE, SAIT SE FAIRE APPRÉCIER. DISCRÈTEMENT, IL FAIT CE QU'IL PEUT POUR RENDRE SERVICE AUTOUR DE LUI. ET LES GENS LE LUI RENDENT BIEN...
ALORS LES JEUNES, QUE PENSEZ-VOUS DE CETTE MUSIQUE ?... C'EST DU CHARLIE PARKER...
MON PÈRE ÉCOUTE ÇA... JE SAVAIS PAS QUE C'ÉTAIT AUSSI BIEN !
PAS MAL HEIN ?
CHARLIE PARKER
BON T'AS FINI ? C'EST MON TOUR MAINTENANT !
LE SOHO DEVINT UN LIEU DE RENDEZ-VOUS COSMOPOLITE. TOUT CE QU'IL PROPOSAIT OUVRAIT À L'ÉMOTION PAR L'ÉCOUTE DE LA MUSIQUE, LE REGARD, LA RENCONTRE.

SUR SES MURS, DJAMEL ACCUMULAIT LES TÉMOIGNAGES D'UN SIÈCLE OÙ L'HOMME, PLUS QUE JAMAIS, FIT PREUVE DE CONTRADICTIONS. DANS CE MONDE, LE SOHO FAISAIT OFFICE DE HAVRE DE PAIX. IL RÉCONCILIAIT AVEC SOI-MÊME, AVEC LES AUTRES... POUR UN MOMENT.
WARHOL
LE TEMPS PASSAIT...
TOUT LE MONDE VIEILLISSAIT...
...SAUF LUI !

PERSONNE NE SEMBLAIT S'EN APERCEVOIR... OU NE LE VOULAIT...
IMPERCEPTIBLEMENT, LES CHOSES AUTOUR DE LUI CHANGAIENT...
IL SENTAIT QUE DES ÉVÉNEMENTS GRAVES SE PRÉPARAIENT QUE LUI-MÊME NE POURRAIT ÉVITER...

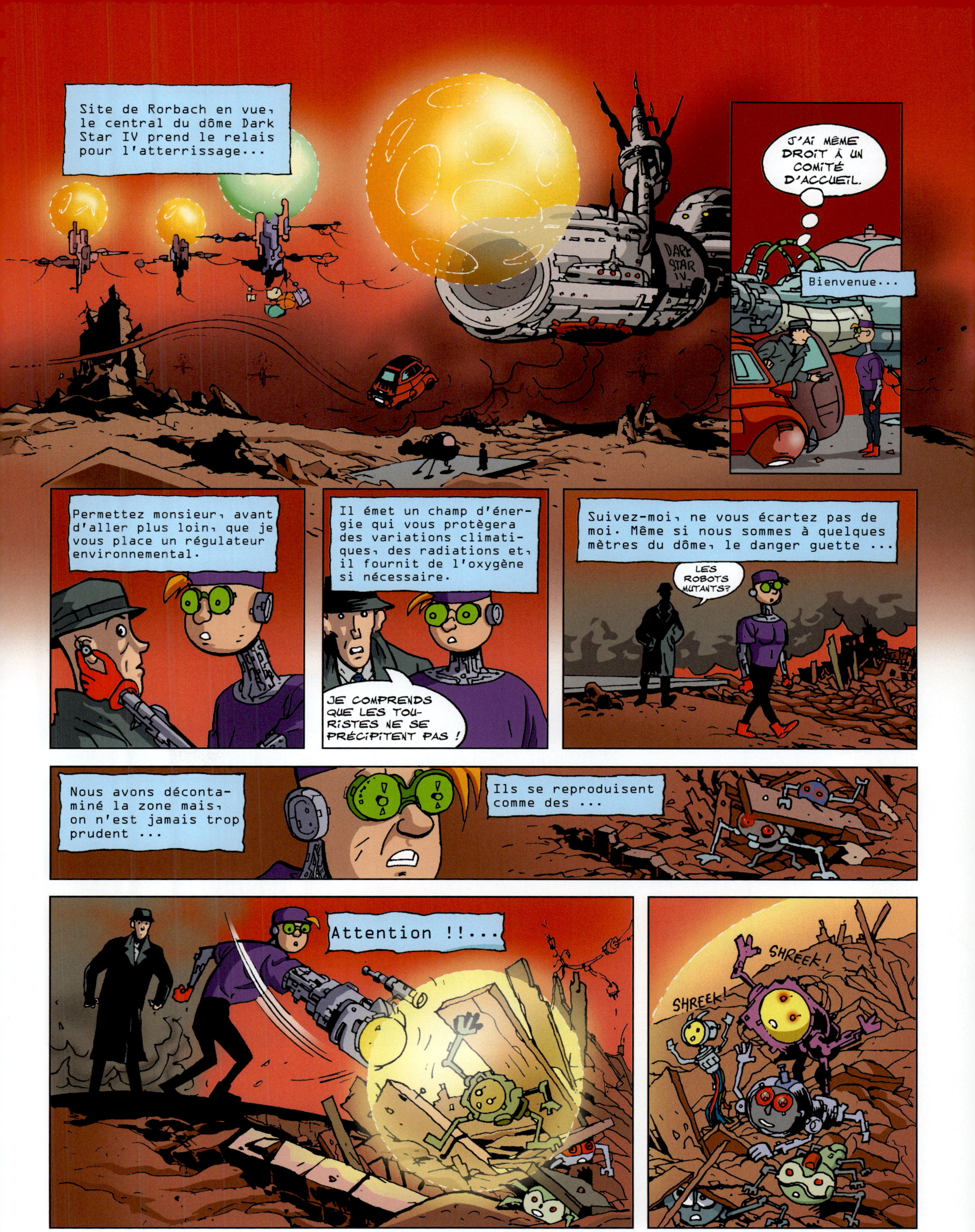

Site de Rorbach en vue, le central du dôme Dark Star IV prend le relais pour l'atterrissage...
DARK STAR IV
J'AI MÊME DROIT À UN COMITÉ D'ACCUEIL.
Bienvenue...
Permettez monsieur, avant d'aller plus loin, que je vous place un régulateur environnemental.
Il émet un champ d'énergie qui vous protègera des variations climatiques, des radiations et, il fournit de l'oxygène si nécessaire.
JE COMPRENDS QUE LES TOURISTES NE SE PRÉCIPITENT PAS !
Suivez-moi, ne vous écartez pas de moi. Même si nous sommes à quelques mètres du dôme, le danger guette ...
LES ROBOTS MUTANTS?
Nous avons décontaminé la zone mais, on n'est jamais trop prudent ...
Ils se reproduisent comme des ...
Attention !!...
SHREEK!
SHREEK!

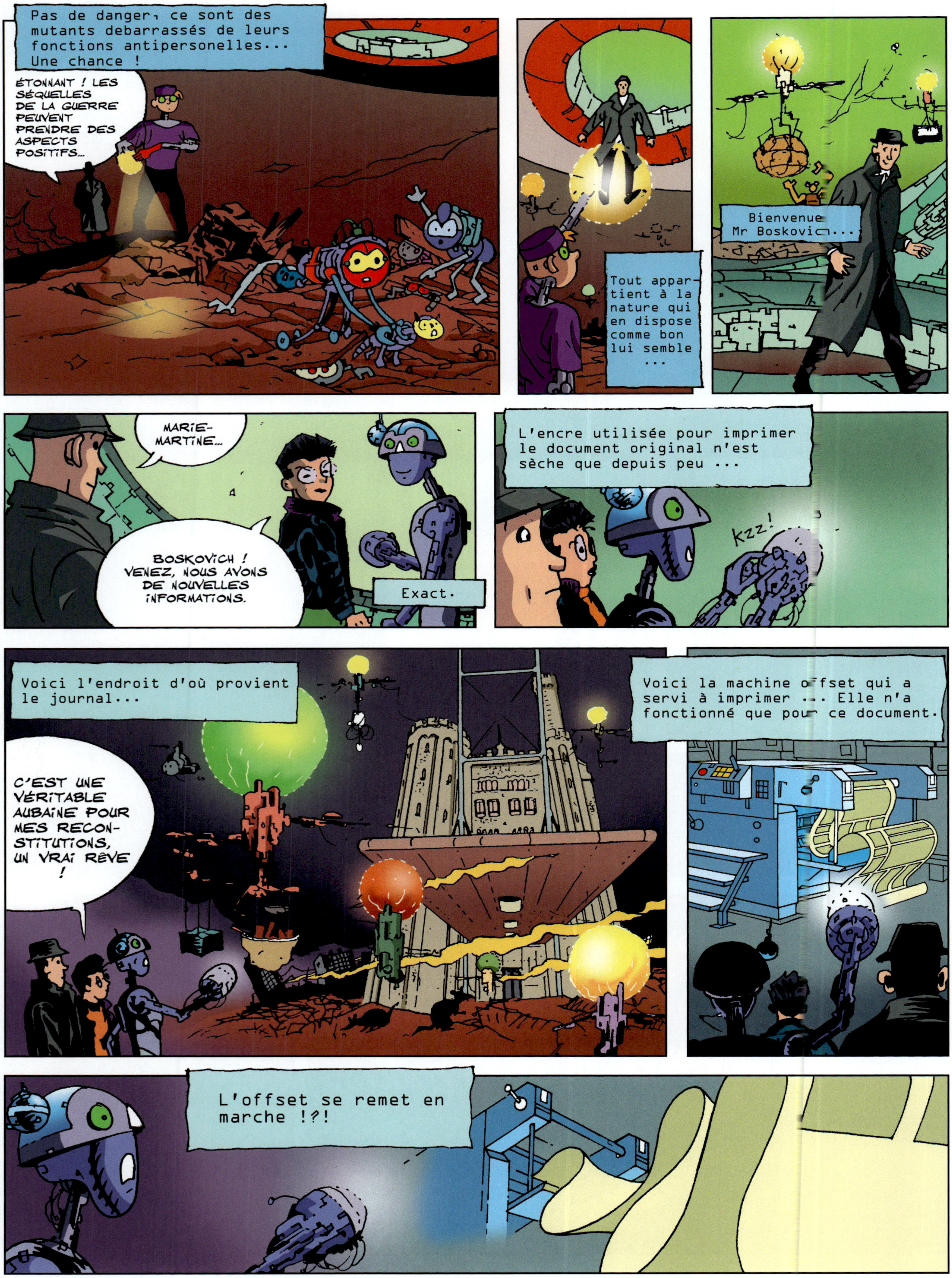
Pas de danger, ce sont des mutants debarrassés de leurs fonctions antipersonelles... Une chance !
ÉTONNANT ! LES SÉQUELLES DE LA GUERRE PEUVENT PRENDRE DES ASPECTS POSITIFS...
Tout appartient à la nature qui en dispose comme bon lui semble ...
Bienvenue Mr Boskovich...
MARIE-MARTINE...
BOSKOVICH ! VENEZ, NOUS AVONS DE NOUVELLES INFORMATIONS.
Exact.
L'encre utilisée pour imprimer le document original n'est sèche que depuis peu ...
KZZ !
Voici l'endroit d'où provient le journal...
C'EST UNE VÉRITABLE AUBAINE POUR MES RECONSTITUTIONS, UN VRAI RÊVE !
Voici la machine offset qui a servi à imprimer ... Elle n'a fonctionné que pour ce document.
L'offset se remet en marche !?!

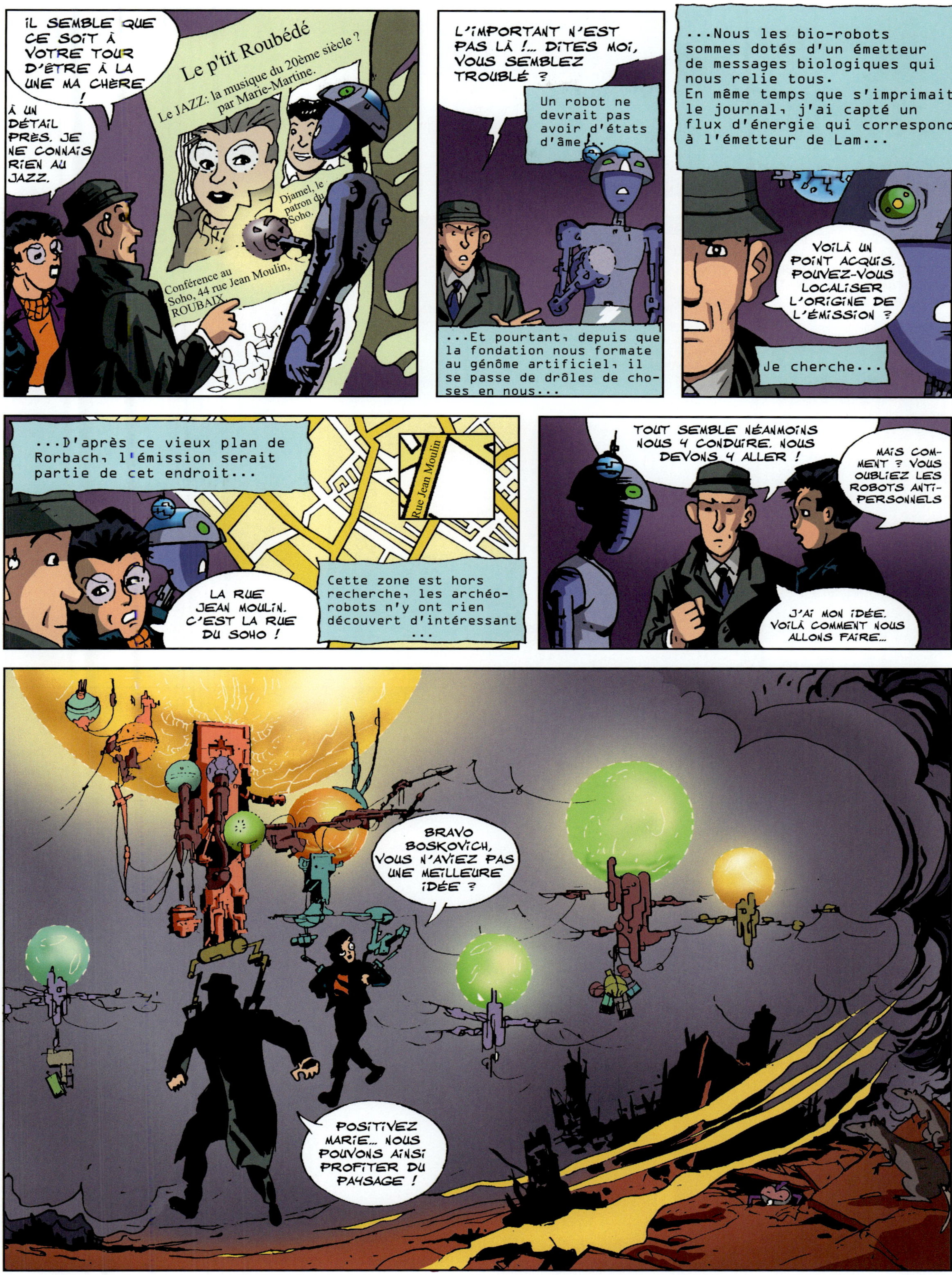
IL SEMBLE QUE CE SOIT À VOTRE TOUR D'ÊTRE À LA UNE MA CHÈRE !
Le p'tit Roubédé
Le JAZZ: la musique du 20ème siècle ? par Marie-Martine.
Djamel, le patron du Soho.
Conférence au Soho, 44 rue Jean Moulin, ROUBAIX.
À UN DÉTAIL PRÈS. JE NE CONNAIS RIEN AU JAZZ.
L'IMPORTANT N'EST PAS LÀ !... DITES MOI, VOUS SEMBLEZ TROUBLÉ ?
Un robot ne devrait pas avoir d'états d'âme...
...Et pourtant, depuis que la fondation nous formate au génôme artificiel, il se passe de drôles de choses en nous...
...Nous les bio-robots sommes dotés d'un émetteur de messages biologiques qui nous relie tous.
En même temps que s'imprimait le journal, j'ai capté un flux d'énergie qui correspond à l'émetteur de Lam...
VOILÀ UN POINT ACQUIS. POUVEZ-VOUS LOCALISER L'ORIGINE DE L'ÉMISSION ?
Je cherche...
...D'après ce vieux plan de Rorbach, l'émission serait partie de cet endroit...
Rue Jean Moulin
LA RUE JEAN MOULIN. C'EST LA RUE DU SOHO !
Cette zone est hors recherche, les archéo-robots n'y ont rien découvert d'intéressant ...
TOUT SEMBLE NÉANMOINS NOUS Y CONDUIRE. NOUS DEVONS Y ALLER !
MAIS COMMENT ? VOUS OUBLIEZ LES ROBOTS ANTI-PERSONNELS
J'AI MON IDÉE. VOILÀ COMMENT NOUS ALLONS FAIRE...
BRAVO BOSKOVICH, VOUS N'AVIEZ PAS UNE MEILLEURE IDÉE ?
POSITIVEZ MARIE... NOUS POUVONS AINSI PROFITER DU PAYSAGE !

MARIE, REGARDEZ DROIT DEVANT NOUS !
UN HOLOGRAMME !
L'HOLOGRAMME DE RORBACH QUE JE FORMATAIS AU MOLOSSE MUSÉUM... MAIS EN TRÈS MAUVAIS ÉTAT !
JE COMPRENDS QUE LES ARCHÉO-ROBOTS N'AIENT RIEN DÉTECTÉ, IL EST IMPALPABLE.
LÀ, LE SOHO. IL EST À L'ÉPICENTRE DE L'HOLOGRAMME.
OUI MAIS, IL NE SEMBLE PAS EN MEILLEUR ÉTAT.
BLUE NOTE
SOHO JAZZ CLUB
C'EST DJAMEL, LE PATRON DU SOHO. JE LE RECONNAIS, IL AVAIT SA PHOTO DANS LE JOURNAL.
EXACT, QU'A T-IL À VOIR AVEC LAM ?

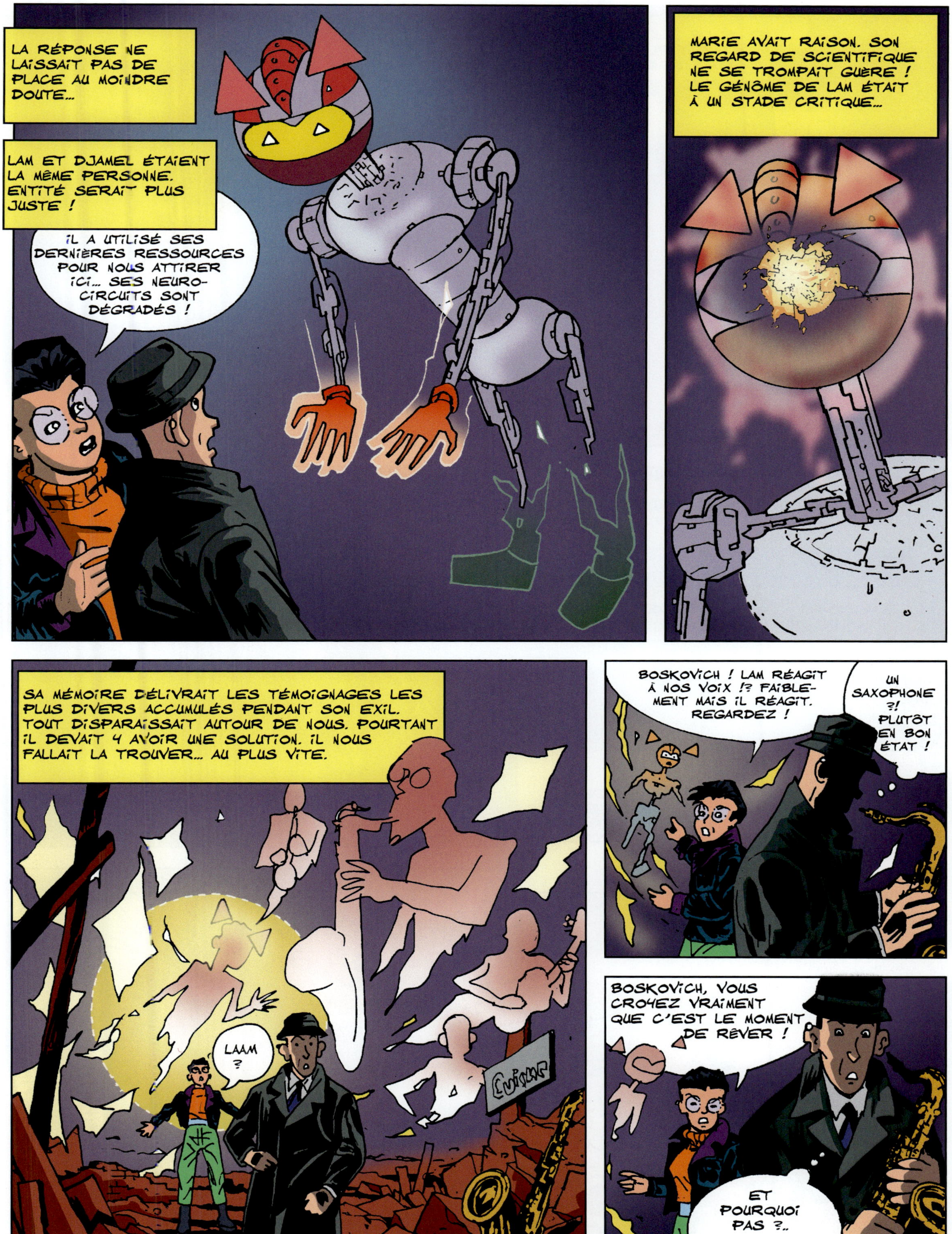

LA RÉPONSE NE LAISSAIT PAS DE PLACE AU MOINDRE DOUTE...
LAM ET DJAMEL ÉTAIENT LA MÊME PERSONNE. ENTITÉ SERAIT PLUS JUSTE !
IL A UTILISÉ SES DERNIÈRES RESSOURCES POUR NOUS ATTIRER ICI... SES NEURO-CIRCUITS SONT DÉGRADÉS !
MARIE AVAIT RAISON. SON REGARD DE SCIENTIFIQUE NE SE TROMPAIT GUÈRE ! LE GÉNÔME DE LAM ÉTAIT À UN STADE CRITIQUE...
SA MÉMOIRE DÉLIVRAIT LES TÉMOIGNAGES LES PLUS DIVERS ACCUMULÉS PENDANT SON EXIL. TOUT DISPARAISSAIT AUTOUR DE NOUS. POURTANT IL DEVAIT Y AVOIR UNE SOLUTION. IL NOUS FALLAIT LA TROUVER... AU PLUS VITE.
LAAM ?
BOSKOVICH ! LAM RÉAGIT À NOS VOIX !? FAIBLEMENT MAIS IL RÉAGIT. REGARDEZ !
UN SAXOPHONE ?! PLUTÔT EN BON ÉTAT !
BOSKOVICH, VOUS CROYEZ VRAIMENT QUE C'EST LE MOMENT DE RÊVER !
ET POURQUOI PAS ?..

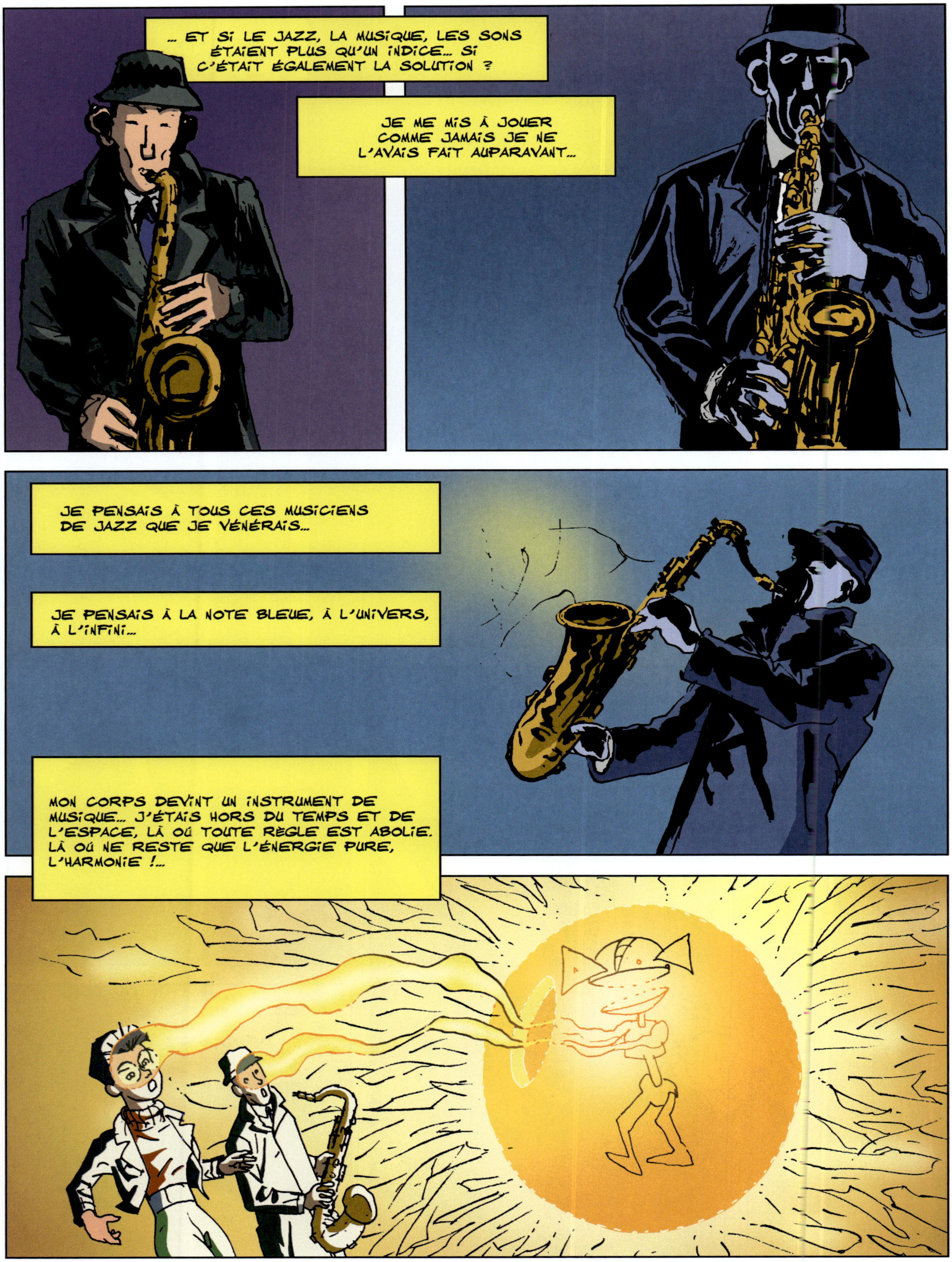
... ET SI LE JAZZ, LA MUSIQUE, LES SONS ÉTAIENT PLUS QU'UN INDICE... SI C'ÉTAIT ÉGALEMENT LA SOLUTION ?
JE ME MIS À JOUER COMME JAMAIS JE NE L'AVAIS FAIT AUPARAVANT...
JE PENSAIS À TOUS CES MUSICIENS DE JAZZ QUE JE VÉNÉRAIS...
JE PENSAIS À LA NOTE BLEUE, À L'UNIVERS, À L'INFINI...
MON CORPS DEVINT UN INSTRUMENT DE MUSIQUE... J'ÉTAIS HORS DU TEMPS ET DE L'ESPACE, LÀ OÙ TOUTE RÈGLE EST ABOLIE. LÀ OÙ NE RESTE QUE L'ÉNERGIE PURE, L'HARMONIE !...

ET VOILÀ ! BYE-BYE SOHO !
BRAVO BOSKOVICH ! VOTRE INTUITION ÉTAIT LA BONNE !
ESPÉRONS QU'ELLE NE SOIT PAS ARRIVÉE TROP TARD !
NOUS N' ÉTIONS PAS ENCORE TIRÉS D'AFFAIRE...
UNE DERNIÈRE ÉPREUVE NOUS ATTENDAIT...
24 HEURES S'ÉTAIENT PRESQUE ÉCOULÉES... MARIE-MARTINE PARTIT EN AVANT AVEC LAM, SON APPAREIL ÉTANT PLUS PERFORMANT QUE LE MIEN.
Et alors ?!...
Son émetteur de messages biologiques marche à nouveau !

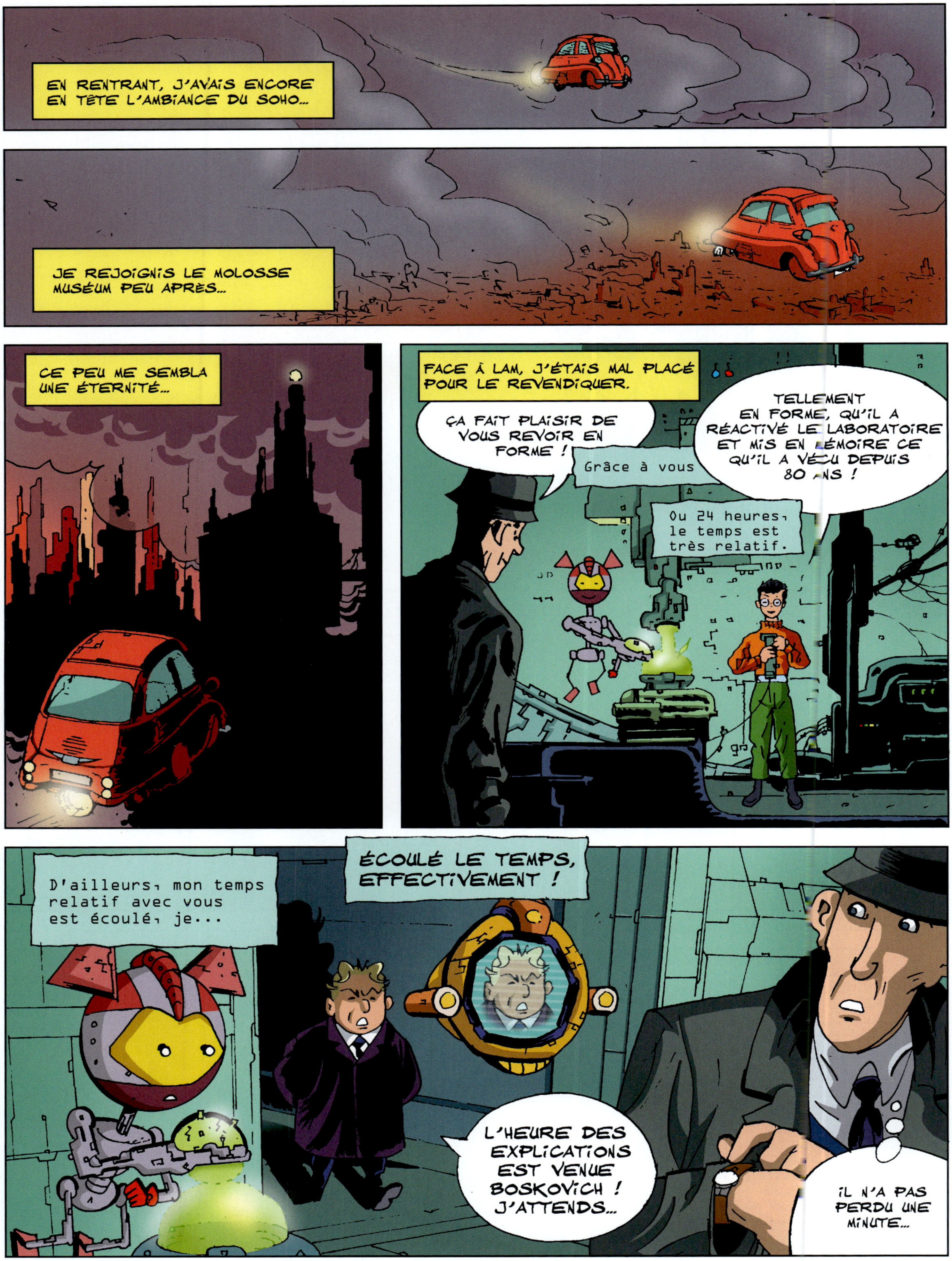

EN RENTRANT, J'AVAIS ENCORE EN TÊTE L'AMBIANCE DU SOHO...
JE REJOIGNIS LE MOLOSSE MUSÉUM PEU APRÈS...
CE PEU ME SEMBLA UNE ÉTERNITÉ...
FACE À LAM, J'ÉTAIS MAL PLACÉ POUR LE REVENDIQUER.
ÇA FAIT PLAISIR DE VOUS REVOIR EN FORME !
Grâce à vous
TELLEMENT EN FORME, QU'IL A RÉACTIVÉ LE LABORATOIRE ET MIS EN MÉMOIRE CE QU'IL A VÉCU DEPUIS 80 ANS !
Ou 24 heures, le temps est très relatif.
D'ailleurs, mon temps relatif avec vous est écoulé, je...
ÉCOULÉ LE TEMPS, EFFECTIVEMENT !
L'HEURE DES EXPLICATIONS EST VENUE BOSKOVICH ! J'ATTENDS...
IL N'A PAS PERDU UNE MINUTE...

Monsieur le directeur, permettez que j'intervienne dans l'intérêt de tous...
MAIS, JE VOUS EN PRIE MONSIEUR L'ARCHÉOLOGUE ENVOYÉ DE RORBACH.
Vos employés sont modèles... S'il y a faute, elle m'incombe. J'ai fait du zèle dans le cadre de ma mission. J'ai voulu démontrer à Marie-Martine que je pouvais faire fonctionner l'imprimerie à distance...
...Et pour cela, j'ai imprimé ce faux document ou par facétie, nous avons mis Boskovich en scène...
Comme ceci ...
L'invité du mois.
Marcel Carton, directeur du Molosse Muséum, promu commandeur de l'Ordre du Savoir par la Fondation, en visite au Soho où il a rencontré un groupe de jazz sarde. (suite p.10)
OUI, CERTES...
TRÈS BIEN !
BRAVO, BON TRAVAIL !
LE PUBLIC SERA RAVI.
JE NE VEUX PAS EN SAVOIR PLUS... JE CONSIDÈRE CETTE AFFAIRE COMME CLASSÉE SANS SUITE !

À QUELQUE TEMPS DE LÀ, MARIE-MARTINE PROPOSA UN HOLOSPECTACLE PERMETTANT AU GRAND PUBLIC DE VIVRE VIRTUELLEMENT DANS UNE CITÉ DU SIÈCLE DERNIER... LA QUALITÉ DE LA RECONSTITUTION IMPRESSIONNA UNE FOULE NOMBREUSE ET CURIEUSE DE CONNAITRE UN PASSÉ DONT ELLE AVAIT ÉTÉ PRIVÉE.
CONNAITRE SON PASSÉ, C'EST ENTRETENIR SA MÉMOIRE, C'EST SE MAINTENIR EN VIE. TOUT CE QUI VIT, QUELLE QUE SOIT SA FORME, ÉVOLUE, BOUGE, S'ACTIVE VERS L'EXISTENCE, ORGANIQUE SI POSSIBLE. CETTE VOLONTÉ EST L'EXPRESSION RÉELLE ET PROFONDE DE L'UNIVERS EN NOUS ET HORS DE NOUS. LA "QUÊTE" DE LAM EN A ÉTÉ UN EXEMPLE POUR MOI ET MARIE-MARTINE, MÊME SI NOUS L'EXPRIMONS AVEC DES MOTS DIFFÉRENTS...
SOUVENT, JE DESCENDAIS DE MON DOMAINE POUR ECOUTER LES COMMENTAIRES ENTHOUSIASTES DU PUBLIC...
GRETA

LES JEUNES SURTOUT M'ÉTONNAIENT PAR LEUR PERSPICACITÉ.
MOI, J'AI BIEN AIMÉ. MAIS, IL Y A UNE SEULE CHOSE QUE JE NE COMPRENDS PAS ?
EN FAIT, BEAUCOUP DE CHOSES ARRIVENT PARCE QU'ON NE TIENT PAS ASSEZ COMPTE DES AUTRES...
QUOI MON FILS ?
LE CHINOIS, QU'EST-CE QU'IL VIENT FAIRE ?...
!!

LE CHINOIS !?
MAIS, QUEL CHINOIS ?...

Dépôt légal: novembre 2001.
I.S.B.N.: 2-930105-03-8.

Achevé d'imprimer en novembre 2C01
sur les presses de l'imprimerie Lesaffre,
à Tournai, Belgique.

Du même auteur:

« Sang Anesthésie »
scénario de Jean-Claude Derudder et Olivier Cauvain
Editions Michel Deligne. 1982.
« Le marchand d'Idées »
scénario et dessins, Philippe Berthet et Antonio Cossu
Editions Glénat. 1982.
« Alceister Crowley »
avec la participation de Louis Savary
Editions Dupuis. 1983.
« Baron des Glaces »
scénario et dessins, Philippe Berthet et Antonio Cossu
Editions Glénat. 1983.
« No man's land »
Cossu avec Derudder, Jamsin, Savary.
Humanoïdes associés. 1984.
« Les naufragés de Lorelei »
scénario et dessins, Philippe Berthet.et Antonio Cossu
Editions Glénat. 1985.
« Histoires alarmantes »
d'après des textes de Michel Jamsin.
Editions Dupuis. 1985.
« Sang Anesthésie »
scénario de Jean-Glaude Derudder et Olivier Cauvain.
Réédition aux Editions Futuropolis. 1987.
« La Porte du Grand Mhoï »
Editions Dupuis. 1987.
« Le semeur d'Etoiles »
scénario et dessins, Philippe Berthet et Antonio Cossu
Editions Glénat. 1988.
« La Vengeance du Tambour ».
Scénario et dessin Antonio Cossu.
Editions Dupuis. 1988.
« Rêve de chien »
scénario et dessins, Philippe Berthet et Antonio Cossu.
Hors série Editions Glénat. 1989.
« Les Gorilles de l'Apocalypse »
avec Louis Savary.
Edition Humanoïdes Associés. 1991.
« Forster - Cossu »
Editions ORO Production. 1993.
"Le marchand d'idées"
l'intégrale des 4 volumes
Edition Glénat. 1998.
« Timbrés Rares »
Les Editions Points Image. 1998.
« Bye-Bye Soho »
Editions Travail et Culture de Roubaix. 2001
« L'Ange Blanc »
Scénario de Rodolphe Editions Casterman.
en prévision pour 2002.

Collectifs:
"Neuvième rêve n°2" 1978.
Neuvième rêve n°3" 1979.
Editions des Archers
« La Bibliothèque Fantastique »
aux Editions Culture Commune.1992.

"Alla Ricerca Di Hobby"
Editions Lo Scarabeo
Italie 1996.

Scénario et dessin: Antonio Cossu, assisté de Benoît Fauviaux pour les décors. Couleurs: BenBK (assisté de Caroline Der?elle) et Yves Plateau.
Conception graphique: Marc Bourgeois.
L'auteur remercie Virginie Monet, Laëtitia Santos, Sandrine Menneboo, Yonny Deconninck, Sofia Da Silva, Marie-Noëline Thibault, Stéphanie Hansen, Rafal Dimny, Selma Sevkan, Samra Laouj, Oumelkheire Sehailia, Karim Bellal, Cindy Vervaët, Aurélie Breelle, Aïcha Bengacem, et leurs professeurs Martine Wacrenier et Patrick Mortal de l'avoir ainsi inspiré.
Merci à Muriel Charlot, Flavien Van Den Neucker, Denis Bajram, Carla et Vittorio Léonardo pour leur aide précieuse.

-Production et édition: "Travail et Culture" (TEC/CRIAC) 64 Bd de Strasbourg 59100 Roubaix.
Tél. 0320894060 / Fax. 0320894069 Email: Tec.criac@wanadoo.fr
-Partenaire: Collège Albert Samain de Roubaix.
-Edition et conception: Oro Production en résidence au Centre Culturel de Mons. 8, rue des Arbalestriers B 7000 Mons.
Tél. & Fax.: 003265313569 Email: cossu.oro@swing.be
Ce projet a été soutenu par la Ville de Roubaix, le Conseil Général du Nord, la DRAC Nord Pas-de-Calais.
Edition soutenue par le Conseil Régional Nord Pas-de-Calais.
Ouvrage publié avec le concours du Centre National du Livre.